AF359570

9-12 HP
AMILCAR
No 106
Amilcar
1925.

THE "ROADSTER"

THE "CABRIOLET"

THE "ROADSTER CABRIOLET"

THE 9-12 HP INTERIOR DRIVE AMILCAR

IN designing their series of light, ultra-smart, interior-drive models for City and Suburban use, AMILCAR builders have visualized the present day problems of traffic congestion and insufficient parking facilities, as well as the present day demands for the quiet elegance of a custom built body.

In their interior-drive Cabriolet and Roadster-Cabriolet, AMILCAR have used the latest development of the European Fabric-body construction, believing that bodies so constructed are the only type of closed car absolutely free from body squeaks, rattles and objectionable drumming in the ears. The seating arrangement is integral with the floor, insuring all weight at the lowest possible point and an exceptionally low centre of gravity. The body itself, instead of being varnished or enamelled, is covered with fabric thus obviating the necessity of re-painting during the life of the car. The refinements of the interior decoration are in keeping with the excellence of the " ensemble ".

It is in every sense a personal car, on a sturdy, over-strength chassis. A tread of 47 inches enables it to negotiate more easily the congested streets of to-day ; its ease of control makes driving a pleasure ; its four wheel brakes are fast and positive in action ; it's wheelbase of 102 inches and an exceptionally small turning radius make it possible to get in and out of unusually small parking spaces.

With an economy of 40 miles to the gallon of gas and tyres and oil in proportion, its running expenses are almost negligible. Its speed of 60 miles per hour is sufficient for all practical purposes. These, together with the beauty of its design and finish and the ease of control in traffic, make it the ideal city car for distinctive personal use.

SPECIFICATIONS

ENGINE. — Four cylinders cast in block, with side by side valves operated by rocker arms direct from camshaft ; bore 2.36" ; stroke 3.74". Three point suspension. Engine, clutch and transmission form a single compact unit. All working parts enclosed.

CRANKSHAFT. — Perfectly balanced, machined drop forging.

CAMSHAFT. — Drop forged and machined, with specially designed cams.

LUBRICATION. — Forced feed with gear type oil pump. Direct leads to all engine bearings at high pressure automatically controlled for all engine speeds.

COOLING. — Water, circulated by thermosyphon. Tubular radiator with heavily nickeled core.

CARBURETOR. — Solex, with choke control on instrument board.

IGNITION. — Magneto Jougeffier.

STARTING AND LIGHTING. — Jougeffier twelve volt two unit system.

STEERING. — Irreversible worm and sector type. All parts bushed.

GEAR BOX. — Three speeds forward and reverse type ; selective sliding gears ; central control.

CLUTCH. — Three metal plates operating in oil.

FRONT AXLE. — Drop forged chrome molybdenum steel ; H section between springs for static load ; oval section through the swivel jaws for torsion strain and reaction of front wheel braking.

FINAL DRIVE. — Totally enclosed drive shaft and differential with spiral bevel gears. A torque tube takes the driving thrust at its front end, with a ball race fitted midway along its length to support the cardan shaft and to prevent whip.

BRAKES. — On all four wheels ; internal expanding type ; drums machined and finned for radiation of heat.

SPRINGS. — Chrome vanadium steel ; front, semi-elliptic ; rear, cantilever. Shock absorbers fitted as standard equipment.

CHASSIS LUBRICATION. — By means of pressure gun system to every external moving part.

WHEELS. — Rudge-Whitworth detachable wire wheels, fitted as optional and locked by a ring nut.

WHEELBASE. — 102.5 inches. Tread 47 inches.

TYRES. — Five balloon tyres as standard equipment.

INSTRUMENT BOARD. — Contains combination ignition and lighting switch with lock ; oil pressure gauge, ammeter, clock, speedometer, carburetor choke and control.

WEIGHT (with body) 1600 lbs. Length overall (with body) 148 inches. Width 57 inches.

MAXIMUM SPEED. — 60 miles per hour. Consumption of 40-45 miles per gallon.

AUTOMOBILES AMILCAR (Export Dept.)
10, Avenue Victor-Emmanuel III, PARIS. (France)

AMILCAR
commercial
chassis

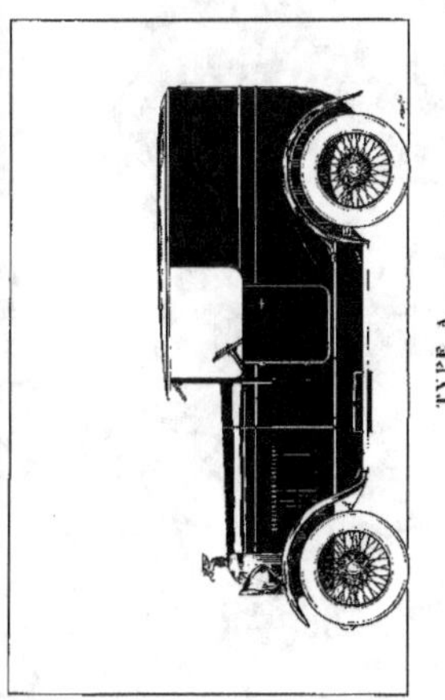

TYPE A

TYPE B

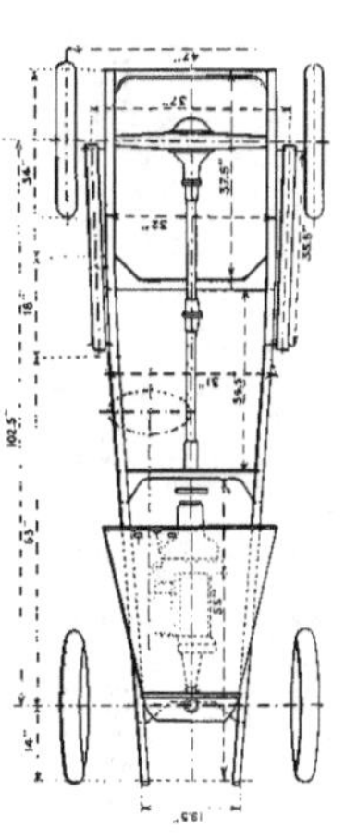

CHASSIS

THE AMILCAR COMMERCIAL CHASSIS

IN the two types of light delivery cars illustrated AMILCAR have combined those factors which have made their products famous throughout the world — low cost of operation, durability, speed and facility for negotiating city traffic, smart appearance — factors which are of first importance to merchants and manufacturers who study their delivery costs and their clientele.

The only difference between the two types illustrated is in body design — Type A provides for inside drive, Type B for outside drive. In both types are embodied AMILCAR excellence of workmanship and performance. Exceedingly smart and neat in design, they proclaim on the street the good taste of the house using them.

A tread of only 47 inches enables them to easily negotiate the congested streets of to-day. Their acceleration, speed and ease of control enable them to effect delivery with a minimum of time. Their four wheel brakes are fast and positive in action. A wheelbase of 102 inches and an exceptionally small turning radius make it possible to get in and out of unusually small parking spaces.

A guaranteed gas consumption of 35 miles to the gallon is an economy that no merchant or manufacturer can afford to disregard. With tyre and oil mileage in proportion and a sturdy, over-strength chassis with 100,000 miles of efficient service built-in at the factory, they operate at a minimum of expense and insure the owners of AMILCAR fleets a light, fast delivery service without equal in any respect. 1½ cents a mile will amply cover the operating cost for gas, oil and tyres.

The specifications of the chassis appear on the following page. The bodies of AMILCAR Light Delivery Cars are custom-built; and modifications of the illustrated types, therefore, can easily be made to suit any particular business requirements.

SPECIFICATIONS

ENGINE. — Four cylinders cast in block, with side by side valves operated by rocker arms direct from camshaft; bore 2.36"; stroke 3.74". Three point suspension. Engine, clutch and transmission form a single compact unit. All working parts enclosed.

CRANKSHAFT. — Perfectly balanced, machined drop forging.

CAMSHAFT. — Drop forged and machined, with specially designed cams.

LUBRICATION. — Forced feed with gear type oil pump. Direct leads to all engine bearings at high pressure automatically controlled for all engine speeds.

COOLING. — Water, circulated by thermo-syphon system. Tubular radiator with heavily nickeled cowl.

CARBURETOR. — Solex with choke control on instrument board.

IGNITION. — Magneto Dueviller.

STARTING AND LIGHTING. — Dueviller twelve volt two unit system.

STEERING. — Irreversible worm and sector type. All parts bushed.

GEAR BOX. — Three speeds forward and reverse type, selective sliding gears; central control.

CLUTCH. — Three metal plates operating in oil.

FRONT AXLE. — Drop forged chrome molybdenum steel; H section between springs for static load; oval section towards the swivel jaws for torsion strain and reaction of front wheel braking.

FINAL DRIVE. — Totally enclosed drive shaft and differential with spiral bevel gears. A torque tube takes the driving thrust at its front end, with a ball race fitted midway along its length to support the cardan shaft and to prevent whip.

BRAKES. — On all four wheels; internal expanding type; drums machined and finned for radiation of heat.

SPRINGS. — Chrome vanadium steel; front, semi-elliptic; rear, cantilever. Shock absorbers fitted as standard equipment.

CHASSIS LUBRICATION. — By means of pressure gun system to every external moving part.

WHEELS. — Rudge-Whitworth detachable wire wheels, fitted on splined hubs and locked by a ring nut.

WHEELBASE. — 102.5 inches. Track 47 inches.

TYRES. — Five balloon tyres are standard equipment.

INSTRUMENT BOARD. — Contains combination ignition and lighting switch with lock; clock, oil pressure gauge, ammeter, speedometer, carburetor choke and control.

WEIGHT (with body). — 1750 lbs. Length overall (with body) 138 inches. Width 57 inches.

MAXIMUM SPEED (loaded) 55 m. p. h. Useful load, 800 lbs. Consumption of gas, 35 m. p. g.

AUTOMOBILES AMILCAR (Usine Desp.)
10, Avenue Victor-Emmanuel III — PARIS (France)

SITES — IMP. E. DESFOSSÉS PARIS

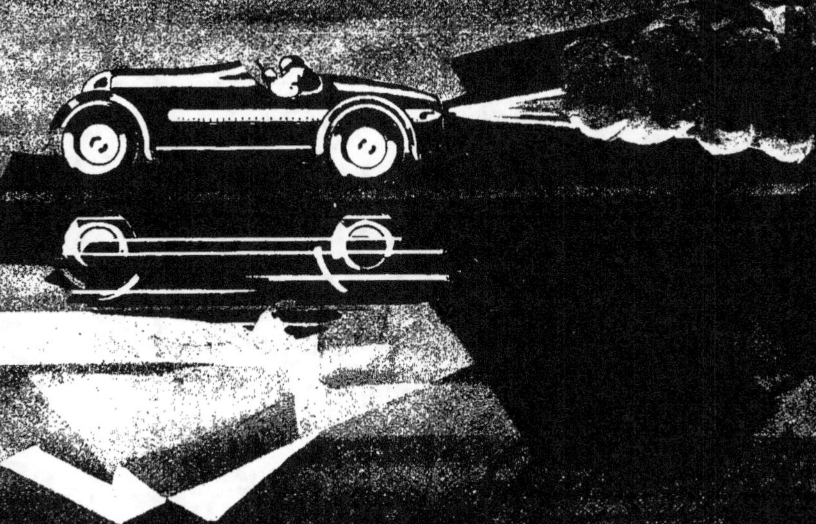
the super sport
AMILCAR

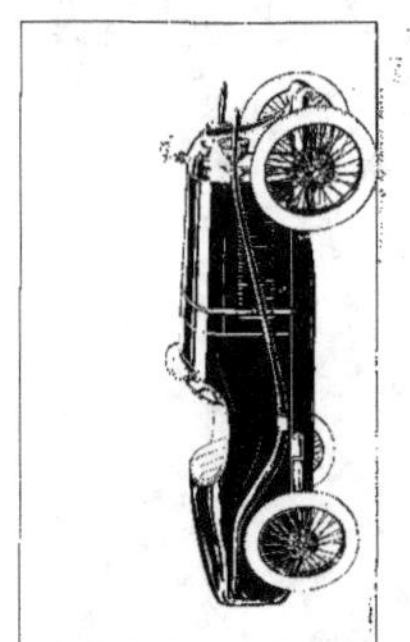

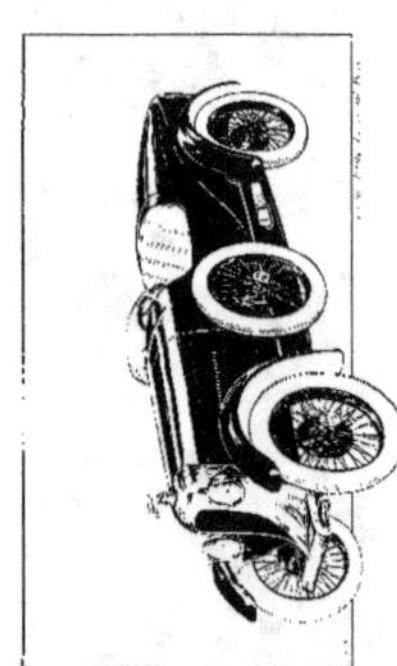

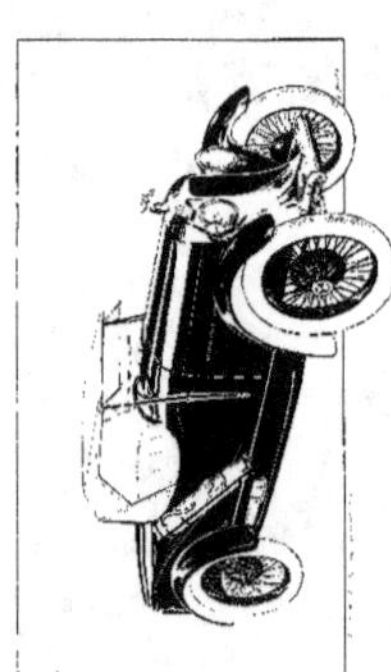

IN announcing their line of "Standard" and "Open Sport" cars for the season of each, AMILCAR take a justifiable pride in drawing attention to their perfection of the small car, the excellence of mechanical detail [illegible] and the beauty of the design of body line and finish. In the car of [illegible] AMILCAR has the distinction of being the only factory [illegible] in the production of small cars. What to other bodies was a matter of [illegible] importance to AMILCAR has become [illegible]. "The Club Car" per London.'"

There are [illegible] and adaptations of coachwork with quick [illegible] and [illegible] bodies, and which for their motors [illegible] in length styled "Sport model", AMILCAR standard of equipment, and one design [illegible] built from [illegible] and [illegible] just what their name implies, AMILCAR are these "Sports" has [illegible] one can from choose. "The Standard Sport" and "The Super Sport" chassis.'"

The "STANDARD SPORT" chassis carries [illegible] a remarkable degree factor of [illegible] comfort [illegible]. [illegible]

The "SUPER SPORT" [illegible] super car sport, [illegible]. [illegible]

The SUPER SPORT [illegible]. [illegible]

IN point of flexibility and lively speed, the "SUPER SPORT" AMILCAR [illegible] all those accessories which to the [illegible]. [illegible] "The Super Sport".

100 MILES PER HOUR

54 HORSE POWER

SUPERCHARGED

CUSTOM BUILT

40 MILES PER GALLON

ACCELERATION - 0 TO 100 M. P. H. IN 400 YARDS

THE SUPER-SPORT
AMILCAR

AUTOMOBILES AMILCAR (EXPORT DEPT.)
10, Avenue Victor-Emmanuel III, PARIS (FRANCE)

THE "SPECIAL SPORT"

THE "SUPER SPORT"
(SUPERCHARGED)

IN announcing their line of " Standard " and " Super Sport " cars for the season of 1926, AMILCAR take a justifiable pride in drawing attention to their perfection of the small car, the excellence of mechanical details of motor and chassis, and the beauty of the design of body line and finish. In the van of automobile manufacturers that introduced the small car, AMILCAR has the distinction of being the only factory specializing in the production of small cars. What to other builders was a matter of only secondary importance to AMILCAR has been the sole aim... " The Small Car par Excellence ".

THESE products are not adaptations of standard chassis fitted with rakish or awkward looking bodies and which by their makers are magtly styled " Sport models ". AMILCAR standard and super-sport cars are designed and built from front axle to tail-light for just what their name implies. AMILCAR offer their " Sports " line of cars on two chassis... " The Standard Sport " and " The Super Sport " chassis.

THE " STANDARD SPORT " chassis combines to a remarkable degree factors of speed, safety, comfort and economy. A maximum speed of 50 m p h is guaranteed by a smooth-running, vibrationless 12 HP motor with a fuel consumption of 40 miles per gallon. The four available body types are custom built of heat-treated aluminum panels, smart and distinctive in appearance without to say heavy. Their slender, graceful lines and perfect proportions are in strict keeping with the exquisite tone and finish of both the interior and outside body work. It is the ideal sport car and an hour behind the wheel will show what perfect control, what comfort of mind and body, what mastery over congested traffic, and the invisible accessories that go with the AMILCAR " Standard Sport " car.

THE " SUPER SPORT " is essentially a sport car, in all that the name implies, for the motorist that likes to have extra power at his command for quicker acceleration, for hill climbing and for the genuine thrill of fast driving over track and speedway courses where speed limits are not imposed. In this car the " Standard Sport " engine, equipped with a supercharger of recent design, and re-inforced in all essential parts, furnishes the motive power for a speed of 100 miles an hour at the surprisingly low fuel consumption of 30 miles to the gallon of gasoline.

THE SUPERCHARGER. — Virtually the power behind the power, begins to function with the first revolutions of the engine and accelerates its influence in direct ratio to the throttle. There is no hesitancy in the " get-away ". It gives the phenomenal acceleration from standing start to 100 miles an hour in a distance of 100 yards, yet so perfect is the driving control of the car that it will idle along in top gear at 5 miles an hour making the car easily handled in traffic.

IN point of upholstery and body finish the " SUPER-SPORT " AMILCAR is extremely smart, conforming in its general appearance to racing car lines, but fitted with all those accessories which make for comfort in driving. It is aptly named the " Super Sport ".

SPECIFICATIONS OF SUPERCHARGED CHASSIS

ENGINE. Same as standard chassis, with new type detachable head and increased water space. Gas forced into cylinders under pressure of 35 lbs per square inch. Brake horse power at 4,000 revolutions per minute 34 HP. Maximum revolutions 4,500 per minute.

CRANKSHAFT. - Strengthened; statically and dynamically balanced.

CAMSHAFT. - Drop forged, carburised and hardened, with specially designed cams for a quicker lift.

PISTONS. - Aluminum alloy; of greater strength than standard pistons.

VALVES. - Specially heat treated and hardened to withstand higher temperature of increased gas charge. Quicker lift and longer inlet and exhaust ports.

CONNECTING RODS. — Strengthened, drop forged and machined.

LUBRICATION - Forced feed with positive gear type oil pump. Direct leads to all engine bearings at high pressure automatically controlled for all engine speeds. Special radiator under oil sump to cool and purify the oil.

CLUTCH. — Special race-type multiple disc.

SPECIFICATIONS of cooling, carburetor, ignition, starting and lighting, steering, gear-box, front axle, final drive, brakes, springs, chassis, etc., the same as in the standard chassis.

SUPERCHARGER. — Operating between carburetor and cylinder block and driven direct from the timing gears. Operating without gears it begins to function immediately the engine starts. Controlled by throttle lever and opens automatically with carburetor. Completely enclosed. Shafts mounted in ball races and lubricated by separate positive pressure gear pump from separate oil reservoir.

DIMENSIONS of chassis and equipment the same as in standard chassis.

MAXIMUM SPEED. 100 miles per hour.

CONSUMPTION OF GASOLINE. - 40 miles to the gallon.

ACCELERATION. - - From standing to 100 m. p. h. in 400 yards.

TOP GEAR DRIVING RANGE. - 8 m. p. h. to 100 m. p. h.

WEIGHT (with body) 1,100 lbs.

SPECIFICATIONS OF STANDARD CHASSIS

ENGINE. - Four cylinders cast in block, side by side valves operated by rocker arms direct from camshaft: bore 2.36"; stroke 3.74"; Brake HP 32. Three point suspension. Engine, clutch and transmission form a single compact unit. All working parts enclosed. Maximum revolutions—4,000 per minute.

CRANKSHAFT. — Perfectly balanced, machined drop forging.

CAMSHAFT. - Drop forged and machined, with specially designed cams.

PISTONS — Aluminum alloy; slotted skirt type.

CONNECTING RODS. Drop forged and machined. Bearings are of brass, cast, machined and babbitted.

LUBRICATION. — Forced feed with positive gear type oil pump. Direct leads to all engine bearings at high pressure automatically controlled for all engine speeds.

COOLING -- Water, circulated by thermo-syphon system. No fan. Tubular radiator with special sport-type cowl, nickeled or painted.

CARBURETOR. — Race-type Solex, with choke control on instrument board.

IGNITION. - - Magneto Ducellier, Variable control on steering wheel.

STARTING AND LIGHTING. — Ducellier six volt two unit system.

STEERING. - - Irreversible worm and sector-type. All parts bushed.

GEAR BOX. — Three speeds forward and reverse type; selective sliding gears; central control.

CLUTCH. - Three metal plates operating in oil.

FRONT AXLE. - Drop forged chrome molybdenum steel; H section between springs for static load; oval section towards the swivel jaws for torsion strain and reaction of front wheel braking.

FINAL DRIVE - Banjo type back axle with spiral bevels; a torque tube takes the driving thrust at its front end with a ball race fitted midway along its length to support the cardan shaft and to prevent whip.

BRAKES. - On all four wheels; internal expanding type; drums machined and finned for radiation of heat.

SPRINGS. - Chrome vanadium steel front semi-elliptic; rear semi-cantilever. Shock absorbers fitted as standard equipment.

CHASSIS LUBRICATION. — By means of pressure gun system to every external moving part.

WHEELS. - Rudge-Whitworth detachable wire wheels, fitted on splined hubs and locked by a ring nut.

WHEELBASE. - 97 inches. Tread 43 inches.

TYRES. -- Five balloon tyres, size 27 by 3.85, standard equipment.

INSTRUMENT BOARD. - Contains combination ignition and lighting switch, starter button, oil pressure gauge, ammeter, clock, speedometer, revolution-meter, gasoline gauge, carburetor choke and control.

WEIGHT (with " Open Sport " body) 1,100 lbs. Length overall 156". Width 53".

MAXIMUM SPEED. — 80 miles per hour. Consumption of gas 40 miles per gallon.

SPECIFICATIONS OF STANDARD CHASSIS

ENGINE. — Four cylinders cast in one; side by side valves operated by rocker arms direct from camshaft; bore 2.36"; stroke 3.74"; Brake HP 32. Three point suspension. Engine, clutch and transmission form a single compact unit. All working parts enclosed. Maximum revolutions 4,000 per minute.

CRANKSHAFT. — Perfectly balanced, machined drop forging.

CAMSHAFT. — Drop forged and machined, with specially designed cams.

PISTONS. — Aluminium alloy; slotted skirt type.

CONNECTING RODS. — Drop forged and machined. Bearings are of brass, cast, machined and babbitted.

LUBRICATION. — Forced feed with positive gear type oil pump. Direct leads to all engine bearings at high pressure automatically controlled for all engine speeds.

COOLING. — Water, circulated by thermo-syphon system. No fan. Tubular radiator with special sport-type cowl, nickeled or painted.

CARBURETOR. — Race-type Solex, with choke control on instrument board.

IGNITION. — Magneto Ducellier. Variable control on steering wheel.

STARTING AND LIGHTING. — Ducellier six volt two unit system.

STEERING. — Irreversible worm and sector-type. All parts bushed.

GEAR BOX. — Three speeds forward and reverse type; selective sliding gears; central control.

CLUTCH. — Three metal plates operating in oil.

FRONT AXLE. — Drop forged chrome molybdenum steel; H section between springs for static load; oval section towards the swivel pins for torsion strain and reaction of front wheel braking.

FINAL DRIVE. — Banjo type back axle with spiral bevel; a torque tube takes the driving thrust at its front end, with a ball race fitted midway along its length to support the cardan shaft and to prevent whip.

BRAKES. — On all four wheels; internal expanding type drum- machined and finned for radiation of heat.

SPRINGS. — Chrome vanadium steel; front semi elliptic; rear semi-cantilever. Shock absorbers fitted as standard equipment.

CHASSIS LUBRICATION. — By means of pressure gun system to every external moving part.

WHEELS. — Rudge-Whitworth detachable wire wheels, fitted on splined hubs and locked by a cap nut.

WHEELBASE. — 97 inches. Tread 43 inches.

TYRES. — Five balloon tyres, size 27 by 3.85, standard equipment.

INSTRUMENT BOARD. — Contains combination ignition and lighting switch, starter button, oil pressure gauge, ammeter, clock, speedometer, revolution-meter, gasoline gauge, carburetor choke and control.

WEIGHT (with "Open Sport" body) 1,100 lbs. Length overall 156". Width 53".

MAXIMUM SPEED. — 50 miles per hour. Consumption of gas 40 miles per gallon.

AUTOMOBILES AMILCAR (Export Dept.)
10, Avenue Victor-Emmanuel III, PARIS (France)

NOTE TRÈS IMPORTANTE

Réparations

◙ ◙ ◙ ◙

Nous avons l'honneur de vous informer que nous avons un atelier de réparation parfaitement installé, spécialement outillé, où un personnel très compétent peut vous donner toute satisfaction par la

CÉLÉRITÉ, l'ÉCONOMIE, la SURETÉ

d'une réparation.

A défaut de l'Usine, adressez-vous à nos agents. Nous vous mettons en garde contre les réparateurs n'ayant pas de liens OFFICIELS avec l'Usine ; ils peuvent réparer vos voitures avec des pièces de contrefaçon, ce qui est très dangereux. Exigez de tout réparateur la garantie qu'il a employé des pièces d'ORIGINE AMILCAR. Vous pouvez nous le faire contrôler.

Équipement Électrique

◙ ◙ ◙ ◙

Pour bénéficier de la garantie vous devez vous interdire de démonter vos appareils. Seuls, les charbons ou balais peuvent et doivent être inspectés. Mettez toujours des charbons d'ORIGINE. Un fusible de la marque de votre machine, et surtout pas de plus fort ampérage. Surveillez votre batterie. Veillez aux connexions, à la prise de masse. Si votre fusible saute, il y a gros à parier que le courant ne passe pas à la batterie ou que celle-ci est fortement sulfatée.

Il est inutile de nous demander le remplacement d'une dynamo lorsque votre conjoncteur-disjoncteur, ou votre canalisation, ou votre batterie sont défectueux. La nouvelle dynamo, dans ces conditions, ne marchera pas mieux.

Graissez peu et souvent votre dynamo. Environ deux gouttes d'huile tous les 800 à 1000 kilomètres.

Renvoyez les appareils complets y compris le fusible.

Châssis 7 HP Type M et M 2

Graissage

◧ ◧ ◧ ◧

1° **Ensemble Bloc moteur.** — *Fonctionnement :* Le graissage du moteur se fait sous pression. Une pompe à huile à palettes, placée dans le fond du carter, distribue l'huile aux paliers extrêmes par une rampe horizontale. Le vilebrequin est perforé, et l'huile atteint les différents mannetons, par des cerceaux tubulaires. Une tôle perforée, placée entre le bloc cylindre et le fond de carter isole l'huile contenue dans le carter inférieur. Une crépine filtre l'huile avant son entrée dans la pompe.

L'embrayage à disques métalliques travaille dans l'huile, Le graissage de l'embrayage et de la boîte de vitesses est assuré automatiquement par l'huile du moteur.

Surveillance

◧ ◧ ◧ ◧

Le moteur type "M" comporte une jauge graduée : en principe, il ne faut pas rouler avec un niveau d'huile inférieur au deuxième trait de la jauge, en comptant comme premier trait celui du haut. Cependant, on peut aller jusqu'au troisième trait, mais au delà il n'y a plus de contrôle de niveau et, par conséquent, danger.

Un manomètre de pression permet, à tout moment, la surveillance d'une bonne circulation d'huile ; la pression avec un moteur chaud ne doit jamais être inférieure à un kilo pour les bas régimes et doit atteindre au minimum 3 kgs 500 pour les régimes élevés (3.000/3.500 tours).

Si la pression tombe à "0", il faut immédiatement s'arrêter et vérifier la cause de la chute de pression ; celle-ci

COUPE DU MOTEUR
Type M

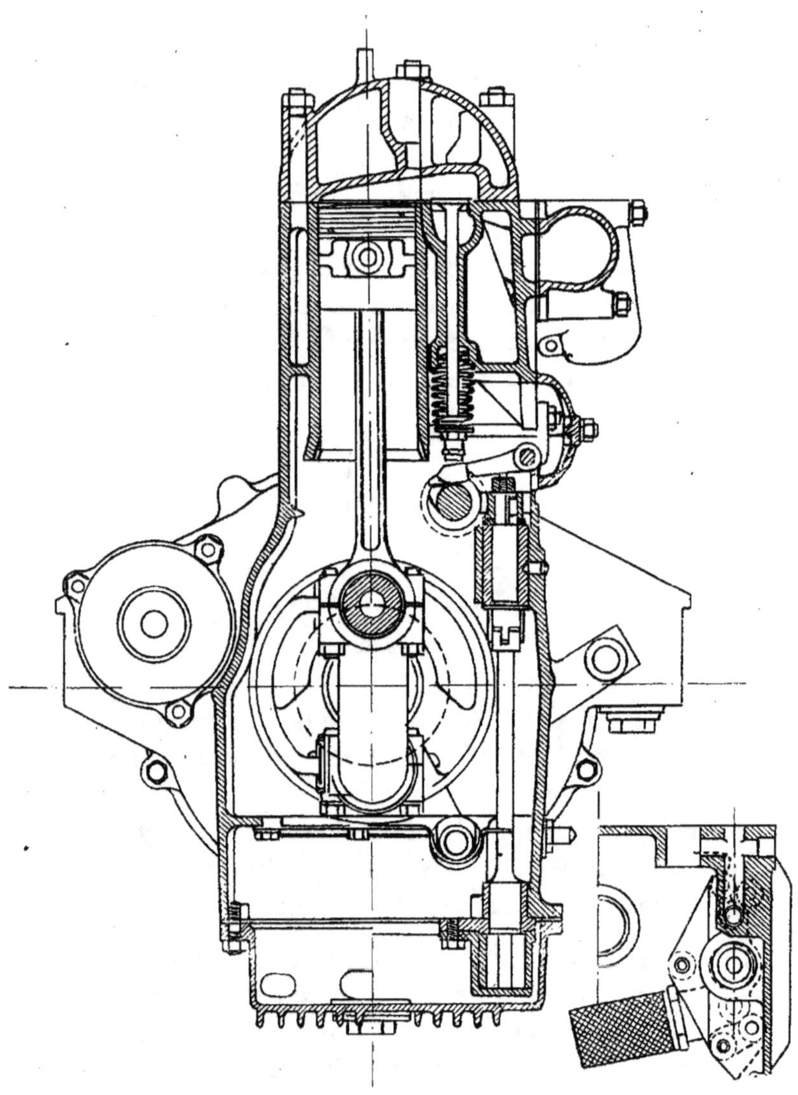

peut être due à la rupture du tube de raccordement du
manomètre ; en ce cas, il suffit de fermer avec une pince
la partie du tube partant du carter moteur pour aller vers
le manomètre.

La chute de pression, si elle n'est pas due à un manque
d'huile, peut également tenir à une saleté qui se serait
placée dans la soupape de décharge à laquelle on a accès
par le bouchon six pans placé dans le bas du carter moteur, en avant sur le côté gauche.

Elle peut également tenir à l'obstruction de la crépine
de la pompe par des saletés ; on a accès à cette crépine
en enlevant le carter inférieur du moteur.

Si les vérifications précédemment indiquées et que
nous résumons :

Niveau d'huile trop bas ;
Tube ou raccord du manomètre cassé ;
Soupape de décharge obstruée restant ouverte ;
Crépine de pompe sale,
ne donnent rien, il faut conclure à un accident grave, soit
de la pompe, soit d'un cerceau de circulation du vilebrequin.
Dans ces conditions on peut encore rouler pour gagner
une étape voisine en mettant deux litres d'huile au-dessus
du niveau maximum de la jauge et en roulant très dou-
cement (50 à l'heure).

Contenance

□ □ □ □

Le carter moteur, y compris le carter d'embrayage,
contient 5 l. 5 ; quant au carter de boîte de vitesses il con-
ent 0 l. 5 - soit au total, après une vidange complète, 6
tres d'huile.

La vidange complète du moteur et de la boîte doit se
faire tous les 3.000 kilomètres ; lorsqu'on l'exécute, au lieu
d'enlever simplement le bouchon, on a intérêt à enlever
le carter moteur inférieur, ce qui permet de nettoyer la
crépine.

QUALITÉ ET TYPE DU LUBRIFIANT

L'huile à employer pour le graissage du moteur est l'huile "YACCO-AMILCAR"

Pont Arrière

Le pont arrière est à différentiel; il ne faut pas employer de graisse pour son graissage ; il faut employer seulement l'huile "CARTER-YACCO" spéciale pour pont arrière.

Boîte de Vitesses

La boîte, qu'elle soit à trois ou quatre vitesses, est graissée par le moteur.

Il n'y a donc pas à s'en occuper au point de vue graissage autrement que pour la vidange tous les trois ou quatre mille kilomètres environ.

Réglages Divers

1° **Embrayage.** — Si l'embrayage patine, il faut éviter d'insister et rouler à une vitesse légèrement réduite en attendant d'avoir pu le régler. Le réglage se fait en enlevant le couvercle de l'embrayage, en dégoupillant soigneusement les écrous des pistons sans laisser tomber des goupilles à l'intérieur et en resserrant chacun des huit écrous d'une même quantité ; on immobilise la tige des pistons d'embrayage avec un tournevis placé dans la fente ad-hoc, regoupiller ensuite soigneusement.

Si l'embrayage patine, il faut également s'assurer que la vis butée placée sur le levier d'embrayage est bien réglée, c'est-à-dire que la pédale de débrayage n'est pas toujours en prise.

2° **Moteur.** — *Réglage en degrés sur le volant moteur.*

Avance ouvert. admission 0°
Retard fermeture   —   39°20'
Avance ouvert. échappem^t 48°
Retard fermeture   —   1°54'

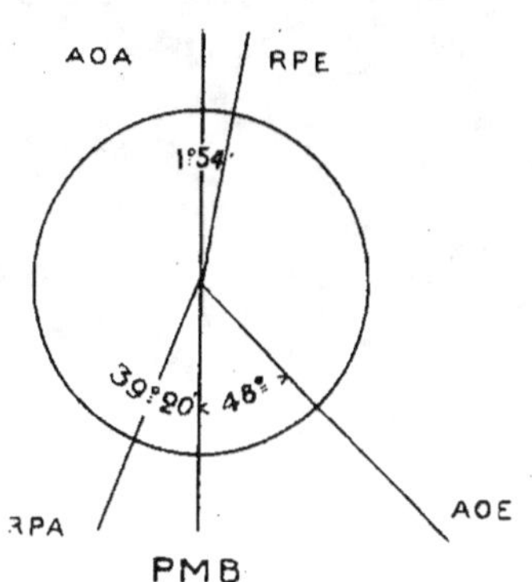

Réglage en millimètres

Longueur de la pige du dessus du piston au plan de joint du cylindre

Avance ouvert. admis.   0^{mm}5
Retard fermeture   —   102^{mm}
Avance ouvert. échapp^t 97^{mm}8
Retard fermeture   —   0^{mm}54

Réglage des soupapes. Le jeu entre les écrous de soupapes et les basculeurs doit être : Pour les soupapes d'admission : 15 centièmes environ. Pour les soupapes échappement : 20 centièmes environ.

3° **Réglage de la Magnéto.** — La magnéto est à avance variable. Cette avance ne doit pas être supérieure à 5^{mm}5 avec toute l'avance.

Entraîneur de Cardan

◘ ◘ ◘ ◘

Un point très important pour la bonne marche de nos voitures est la position correcte de l'entraîneur de cardan. Il peut arriver, après les premiers milliers de kilomètres, que les ressorts ayant perdu un peu de flèche, le pont arrière se trouve légèrement reculé.

A ce moment, l'entraîneur de cardan se déboîte de l'écrou rotule placé à l'arrière de la boîte de vitesses et il en résulte des vibrations. Il faut, dans ce cas, avancer l'entraîneur de cardan pour qu'il soit centré par l'écrou rotule, même lorsque la voiture est chargée.

RÉGLAGE DE LA DIRECTION

Le réglage de la direction peut se faire, s'il y a lieu, par un serrage des grains de butée placés en bout des axes de la vis et du secteur, grains qui absorbent la réaction axiale ; ces grains de butée sont réglables au moyen de vis et contre-écrous.

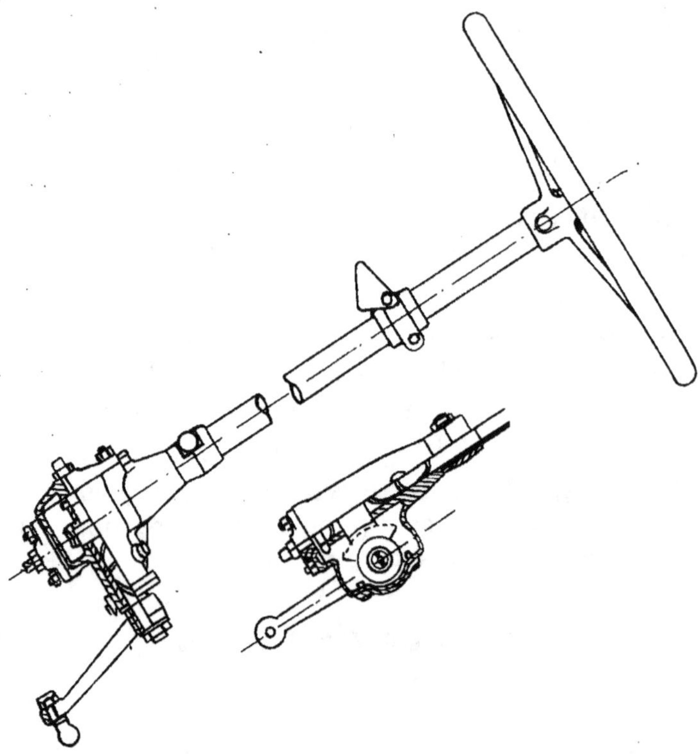

RÉGLAGE DES ROUES DIRECTRICES

Pour éviter les usures anormales de pneus, il y a lieu de vérifier les cotes de parallélisme qui peuvent se trouver détruites si l'on serre un trottoir ou dans un accident léger ; les cotes sont :

Carrossage : Inclinaison 7,5 % — Pinçage 5 $^m/_m$

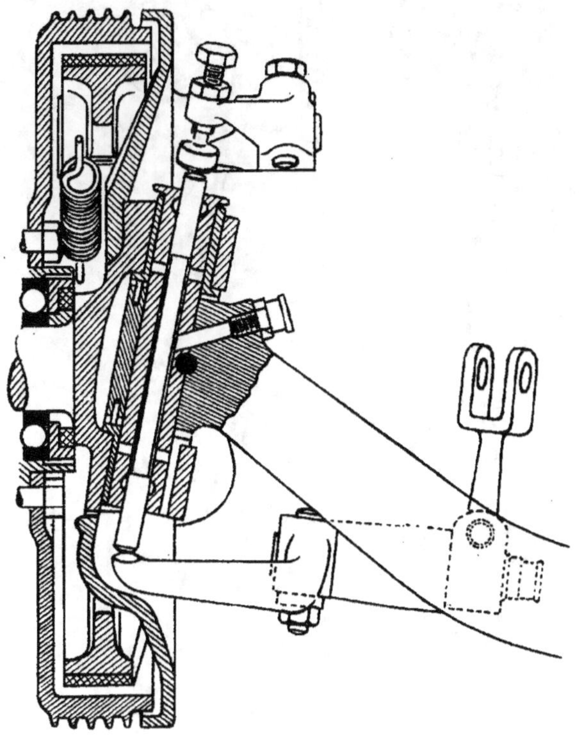

Réglage des Freins

□ □ □ □

Le réglage des freins doit être fait la voiture étant sur cric. On obtient le réglage par serrage des écrous à oreilles commandant la longueur de la timonnerie.

Dans les freins avant, il existe en plus un réglage par vis butée du poussoir de commande de la came, vis à laquelle il ne faut toucher qu'en cas d'usure accentuée de la garniture.

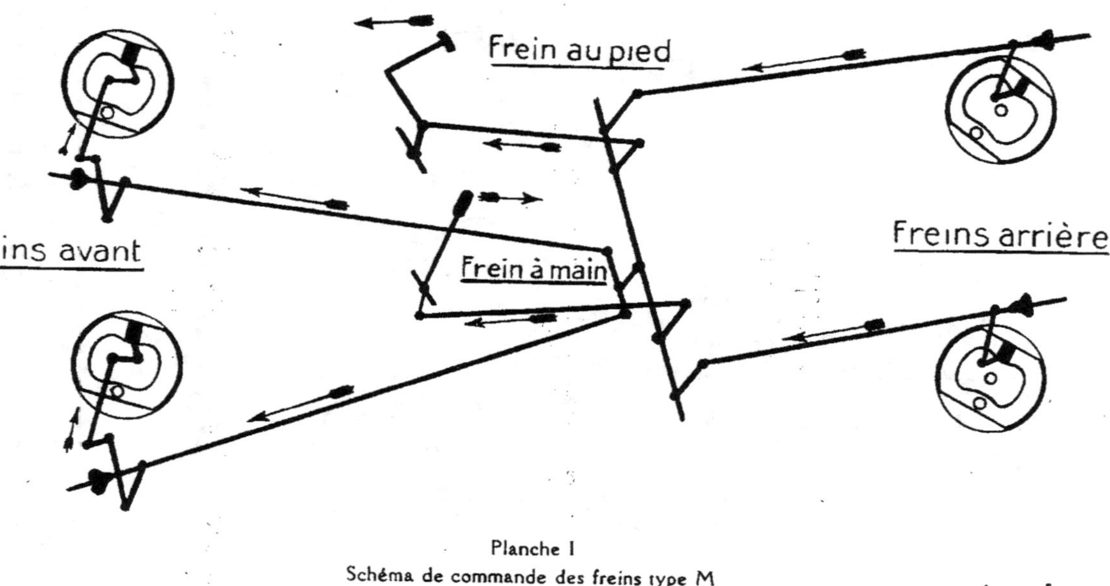

Planche I
Schéma de commande des freins type M

Réglage du Carburateur

Le châssis est monté avec un carburateur "SOLEX"
dont le réglage est :
> Diffuseur de 20 ;
> Gicleur de 110 ;
> Émulsionné 24 ;
> Gicleur de ralenti 45 ou 50.

Bougies

Les bougies à employer sur cette voiture, à l'exclusion
de toutes autres, sont des "GILLARDONI" N° 100.

Graissage Général

Le graissage général doit être fait avec de l'huile pont
arrière "YACCO-AMILCAR" ou de la graisse spéciale
"YACCO-AMILCAR". L'emplacement des graisseurs,
ainsi que la fréquence sont indiqués sur le schéma de
graissage du châssis (planche 11).

COMMANDES DE PIÈCES DÉTACHÉES

Bien spécifier le Type de la **Voiture** et **son Numéro Moteur.**

Pour les pièces existantes à l'**Avant** et à l'**Arrière,**
indiquer si la pièce demandée est pour l'Avant ou
l'Arrière.

De même pour les **pièces droites** ou **gauches** on
prend la dénomination **par rapport au sens de la
marche.**

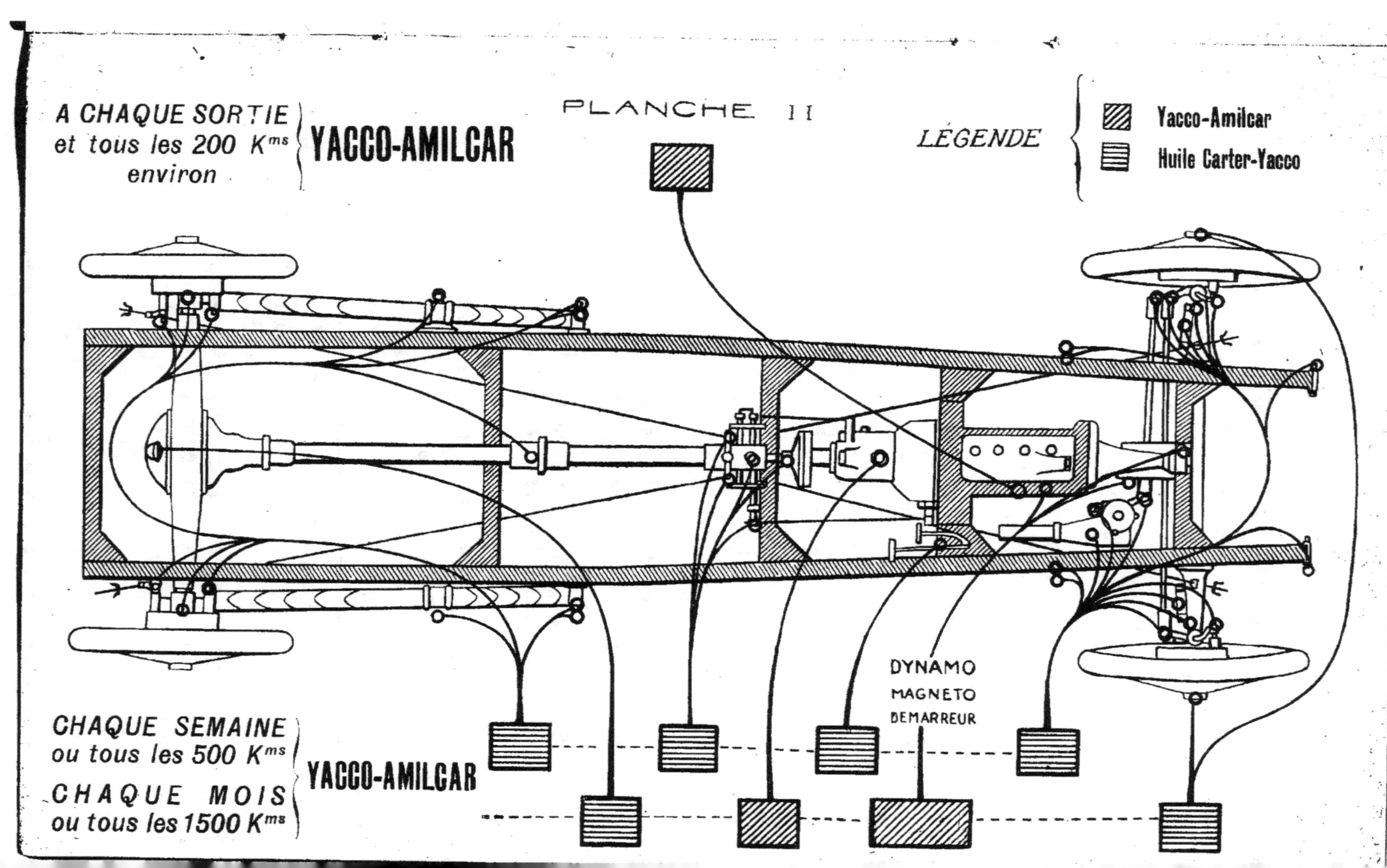
PLANCHE II
A CHAQUE SORTIE
et tous les 200 K^ms
environ
YACCO-AMILCAR
LÉGENDE
Yacco-Amilcar
Huile Carter-Yacco
DYNAMO
MAGNETO
DEMARREUR
CHAQUE SEMAINE
ou tous les 500 K^ms
CHAQUE MOIS
ou tous les 1500 K^ms
YACCO-AMILCAR

N'EMPLOYEZ

QUE

DES PIÈCES D'ORIGINE

IMP KOSSUTH-PARIS

AMILCAR

DESCRIPTION DES CHASSIS "C8" & "C8bis"

Moteur C8   – Alésage 63 – Course 80 – 11 HP
   »   C8bis –   »   66 –   »   85 – 13 HP

Toutes les autres caractéristiques sont semblables. Soupapes et arbre à cames en tête commandé par une double chaîne à rouleaux à l'arrière du moteur. Rattapage de tension instantané. Vilbrequin à plateaux porté par 7 paliers. Graissage sous pression au vilbrequin et têts de bielles et arbre à cames et distribution. Magnéto commandée transversalement. Carburateur SOLEX double corps.

CHASSIS très moderne, très surbaissé, trapézoïdal, pemettant les très grands braquages, et large à l'arrière (93 cm.) pour éviter les brancards de carrosserie débordants.

TRANSMISSION par arbre de cardan centré sur la boîte et joint Hardy. La réaction se fait par le tube enveloppant l'arbre.

SUSPENSION très étudiée en vue de la souplesse à toute les allures. Le centre de gravité très bas a permis d'allier une tenue de route exceptionnelle à une grande douceur des ressorts. 2 ressorts semi-elliptiques très longs à l'arrière. 2 ressorts droits à l'avant.

VOIE 1 m. 33. Empattement 3 m.

BOITE à 4 vitesses.

DIRECTION vis et roue. Très douce et ne transmettant pas les réactions de la route aux mains du conducteur.

Le DÉMARRAGE FOUDROYANT...

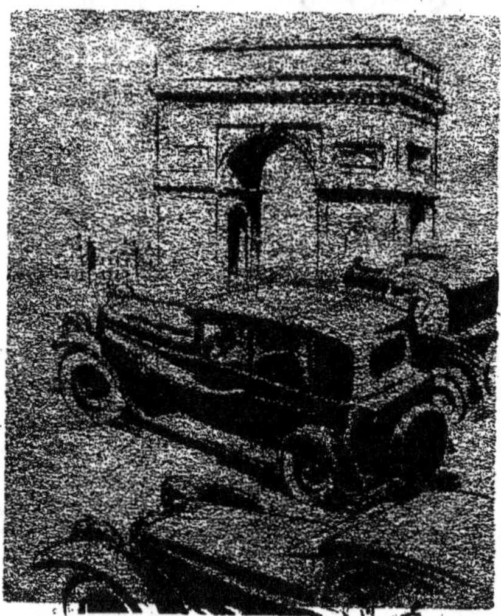

... au départ et dans les encombrements.

La TENUE DE ROUTE..

... incomparable aux vitesses élevées.

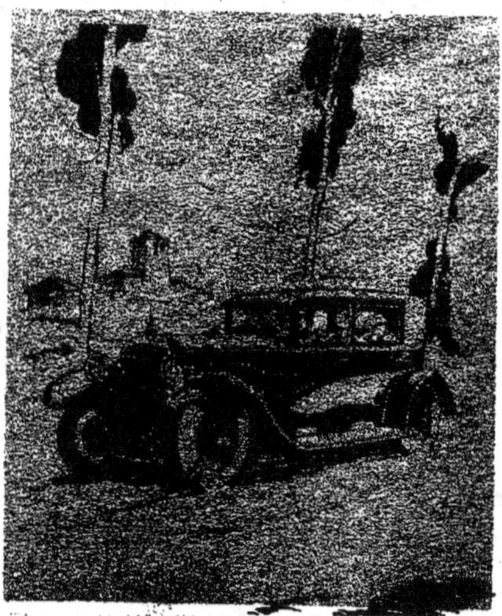

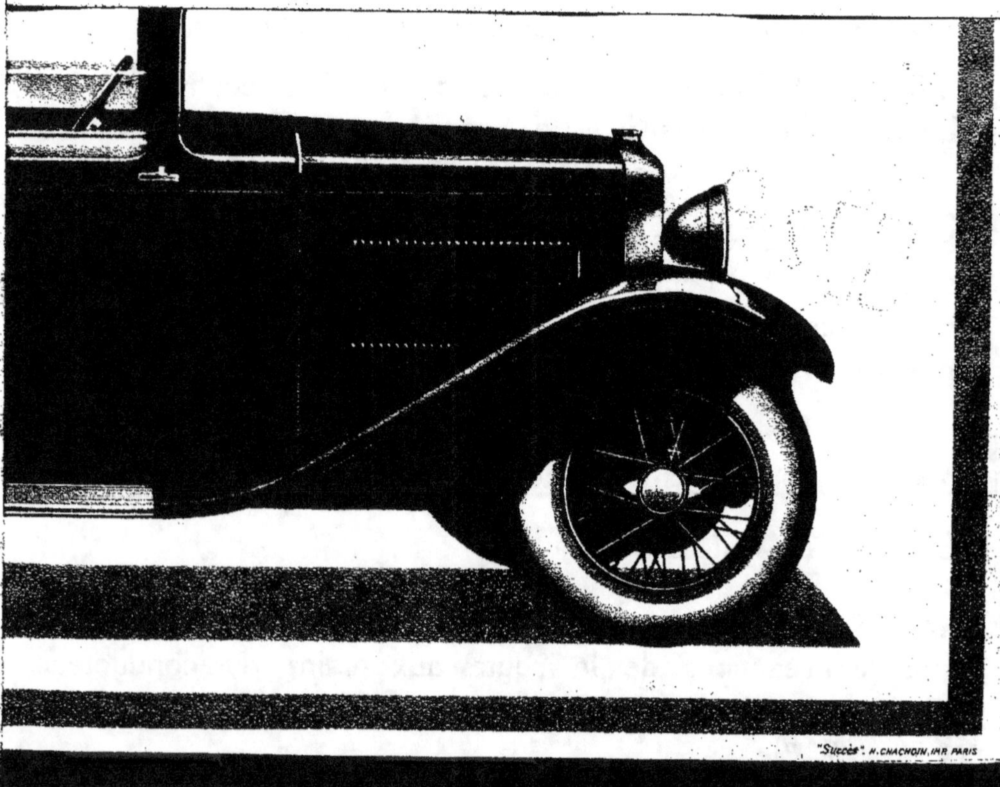

"Succès" H. CHACHOIN, IMP. PARIS

8 Cylindres Carrosserie Roadster

8 Cylindres Carrosserie Faux Cabriolet

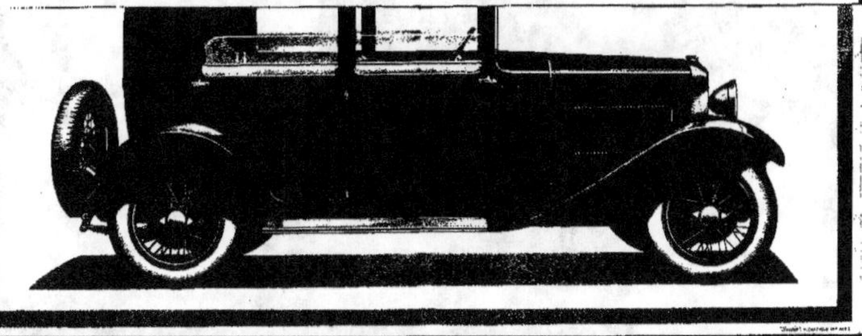

LA HUIT CYLINDRES
AMILCAR
capot
table de bord
Intérieur Avant
Intérieur Arrière
CARROSSERIE
CONDUITE INTÉRIEURE

AMILCAR

AMILCAR

DESCRIPTION DES CHASSIS "C8" & "C8bis"

Moteur C8 – Alésage 63 – Course 80 – 11 HP
» C8bis – » 66 – » 85 – 13 HP

Toutes les autres caractéristiques sont semblabl. Soupapes et arbre à cames en tête commandé pâ une double chaîne à rouleaux à l'arrière du moteur. Rattapage de tension instantané. Vilbrequin à plateaux porté ar paliers. Graissage sous pression au vilbrequin et têts de bielles et arbre à cames et distribution. Magnéto commndée transversalement. Carburateur SOLEX double corp.

CHASSIS très moderne, très surbaissé, trapézoïdal, pemettant les très grands braquages, et large à l'arrière (93 :m.) pour éviter les brancards de carrosserie débordants.

TRANSMISSION par arbre de cardan centré sur la boîte et joint Hardy. La réaction se fait par le tue enveloppant l'arbre.

SUSPENSION très étudiée en vue de la souplesse à toute les allures. Le centre de gravité très bas a permis d'allie une tenue de route exceptionnelle à une grande douceur des ressorts. 2 ressorts semi-elliptiques très longs à l'arrière. 2 ressorts droits à l'avant.

VOIE 1 m. 33. Empattement 3 m.

BOITE à 4 vitesses.

DIRECTION vis et roue. Très douce et ne transmettant pas les réactions de la route aux mains du conducteur.

AMILCAR

8

4 Cylinder 2-3 Seater with comfortable dickey

4 Cylinder Sportsman 4 Seater Coupé

THE 8 CYLINDER
ENGINE
Imposing Radiator
Illuminated dash board
19-5 HP
5 SEATER SALOON
(1929)

AMILCAR AMILCAR

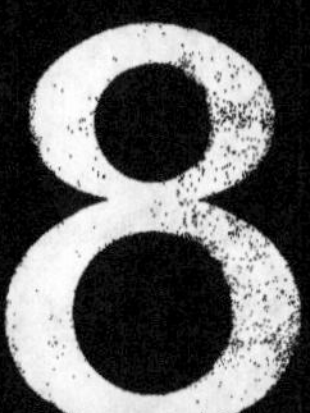

8   8

8 Cylinder Saloon.. .. £ 555.-

8 Cylinder 2-3 Seater
with comfortable
dickey .. .. £ 555.-

8 Cylinder sportsman
coupé .. .. £ 555.-

Chassis only .. .. £ 425.-

Voiture 8 Cylindres "AMILCAR"

Type C. S. 8

Description - Réglage
Entretien

16 W2
1306 (1930)

TABLE DES MATIÈRES

TROISIÈME PARTIE

ENTRETIEN, REGLAGE DES ORGANES DE DIRECTION ET DE FREINAGE EQUIPEMENT ELECTRIQUE

═══════

FIGURES

═══════

PLANCHES HORS-TEXTE

INTRODUCTION

Aux Propriétaires et Conducteurs des C. S. 8 " AMILCAR "

Si vous désirez obtenir de votre " AMILCAR " 13 cv le service, le confort, le plaisir de faire de nombreux kilomètres en toute sécurité, nous vous invitons à lire très attentivement et à appliquer les quelques conseils contenus dans cette notice.

Nous ne vous donnons pas un traité technique d'automobile, mais nous vous indiquons des particularités de " l'AMILCAR " 13 cv, et surtout les moyens d'éviter les ennuis qui arriveront avec n'importe quelle voiture de quelque marque qu'elle soit si on ne lui donne pas tous les soins qui lui sont nécessaires.

LA DIRECTION TECHNIQUE.

NOTE TRÈS IMPORTANTE

Réparations

Nous avons l'honneur de vous informer que nous avons un atelier de réparations parfaitement installé, spécialement outillé, où un personnel très compétent peut vous donner toute satisfaction par

la CÉLÉRITÉ, l'ÉCONOMIE, la SURETÉ

d'une réparation.

A défaut de l'usine, le démontage ou la réparation des principaux organes de nos voitures ne doit être confié qu'à des mécaniciens qualifiés.

Nous vous recommandons de vous adresser dans ce cas à nos concessionnaires chez qui vous serez certains de trouver le meilleur accueil, et un travail consciencieusement exécuté.

Nous vous mettons en garde contre les réparateurs n'ayant pas de liens officiels avec l'usine, ils peuvent réparer vos voitures avec des pièces de contrefaçons, ce qui est très dangereux. Exiger de tout réparateur la garantie qu'il a employé des pièces d'origine "AMILCAR".

Vous pouvez nous le faire contrôler.

Description
du
Type C.S. 8 "Amilcar" 13 C.V.

MOTEUR. — 8 cylindres en ligne, alésage 66 $^m/_m$, course 85. Cylindrée 2 l. 330, vitesse courante d'utilisation du moteur 4.000 tours. Puissance à régime 58 CV. **Puissance imposable 13 CV.**

Bloc carter=cylindre d'une seule pièce en fonte, carter d'huile en tôle emboutie. Culasse fonte.

Pistons en aluminium munis de 4 segments dont un racleur d'huile.

Bielles en duralumin estampé munies de coussinet en acier régulé.

Vilebrequin pris dans la masse, à 5 paliers tournant sur coussinets en bronze régulé.

Arbre à cames en tête commandé par chaine à doubles rouleaux.

Soupapes logées dans la culasse munies de 2 ressorts et commandées par l'intermédiaire d'un doigt évitant la réaction de la came sur la queue de la soupape.

Graissage sous pression par pompe à palettes.

Refroidissement par thermo - siphon et ventilateur débrayable.

Allumage par magnéto à avance automatique.

EMBRAYAGE à disques travaillant à sec.

BOITE DE VITESSES. — Fixée à l'arrière du moteur, elle comprend 4 vitesses et une marche AR ; les vitesses sont commandées par un levier central.

TRANSMISSION par disque flexible placé à l'arrière de la boîte, l'arbre de transmission est enfermé dans un tube et porte en son milieu un roulement pour éviter tout flottement.

PONT ARRIERE en tôle emboutie sur lequel est fixé un carter en fonte enfermant le couple conique à denture Gleason et le différentiel.

FREINS sur les 4 roues à segments agissant sur des tambours de grand diamètre. La commande de freins AV fait l'objet d'un brevet " **Amilcar** ".

Le frein au pied agit sur les 4 roues, celui à main sur les roues motrices.

DIRECTION. — A roue et vis sans fin. Elle comporte au centre du volant le bouton d'avertisseur et les manettes de commande d'avance, de ralenti et de combinaison d'éclairage : lanternes, phares, code.

CHASSIS très robuste en tôle emboutie reposant à l'avant et à l'arrière sur des ressorts elliptiques.

RESERVOIR A ESSENCE situé à l'arrière du châssis, contient 65 litres environ ; une pompe à essence électrique placée sur le tablier alimente le moteur.

GRAISSAGE centralisé. Tous les organes du châssis sont graissés automatiquement par des canalisations aboutissant à un réservoir placé sur la planche tablier.

ROUES 14×45.

VOIES AV & AR. — 1 m. 325.

EMPATTEMENT. — 3 m.

POIDS DU CHASSIS NU : 900 kilogs.

PREMIÈRE PARTIE

Réglage
des Différents Organes
du Moteur

I. La Distribution et son Réglage

1° REGLAGE DU JEU ENTRE LES CAMES ET LES DOIGTS

Se servir des 2 clés spéciales fournies dans la trousse; maintenir la cuvette de ressorts avec la clé à ergot et desserrer l'écrou 6 pans avec l'autre, de manière à obtenir les jeux suivants :

8/100° à l'admission.
12/100° à l'échappement.

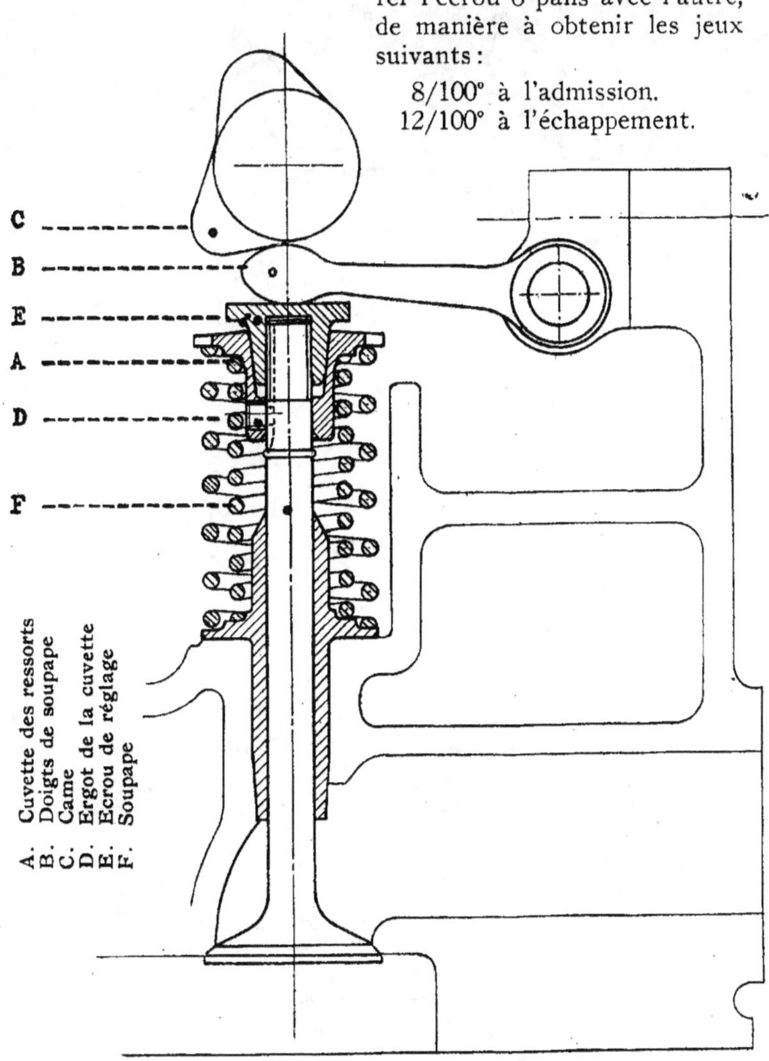

2° REGLAGE DE LA DISTRIBUTION

Les indications ci-dessous sont portées sur le volant
moteur ; elles se rapportent au cylindre N° 1 (côté radiateur)
sur lequel on opère le réglage.

Repères sur le Volant (vu de l'Arrière)

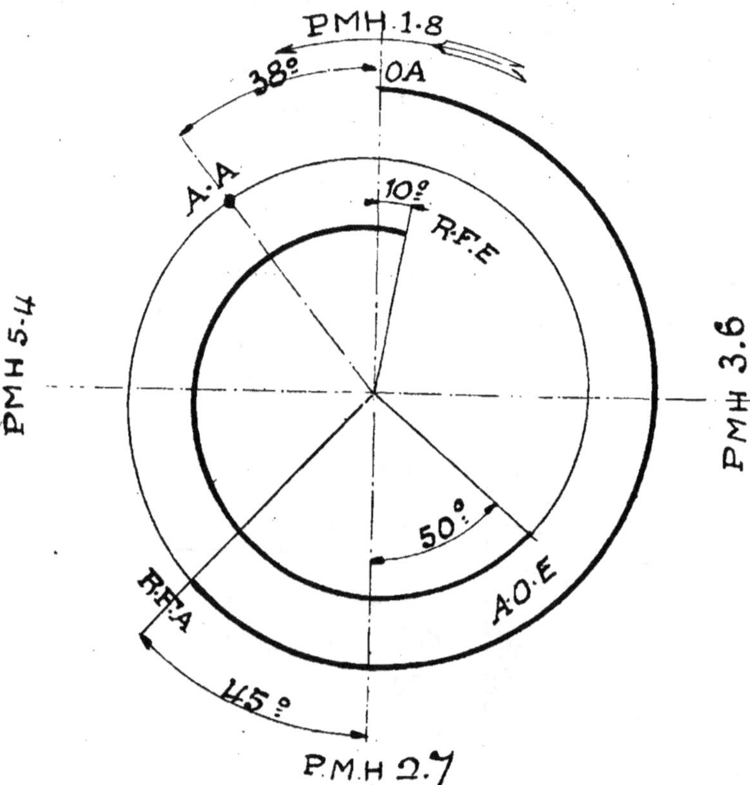

RÉGLAGE			
	Ouverture Aspiration	O. A. = 0°
EN	Retard Fermeture Aspiration	R. F. A. = 45°
	Avance Ouverture Échappement	A. O. E. = 50°
DEGRÉS	Retard Fermeture Échappement	R. F. E. = 10°

Pour faire le réglage d'après le volant, opérer comme
suit : Etant à l'arrière du moteur, amener le repère **PMH 1**
indiqué sur le volant en face du repère fixe tracé sur le carter, faire tourner l'arbre à cames dans le sens inverse des
aiguilles d'une montre jusqu'au moment où la soupape d'admission du cylindre **N° 1** s'ouvre, placer la chaîne sur le pignon
d'arbre à cames, l'agrafer et faire faire 2 tours au volant
en vérifiant successivement **RFA=AOE=RFE,** ne pas oublier

que le cycle moteur se fait sur 2 tours et que l'arbre à cames tourne à 1/2 vitesse du moteur, ainsi les repères **RFE** et **AOE** se trouvent après **OA,** n'en tenir compte qu'au 2ᵉ tour.

Calage de la magnéto. — Le volant étant au repère **PMH 1,** le faire tourner dans le sens des aiguilles d'une montre pour amener le repère **AA** en face du trait tracé sur le carter.

Le moteur est calé avec une avance initiale de 38°.

Réglage de la magnéto. — La magnéto est à avance automatique, elle est munie d'un bras permettant une légère correction, 10° environ.

On opère le réglage de la façon suivante : Faire correspondre — sous le regard du couvercle de graissage du palier AV de la magnéto — le Nᵒ 1 sur le pignon de distributeur avec l'index fixe. A ce moment s'assurer que la rupture des vis platinées a lieu. Ne pas toucher au bras de commande qui est toujours dans la position d'avance.

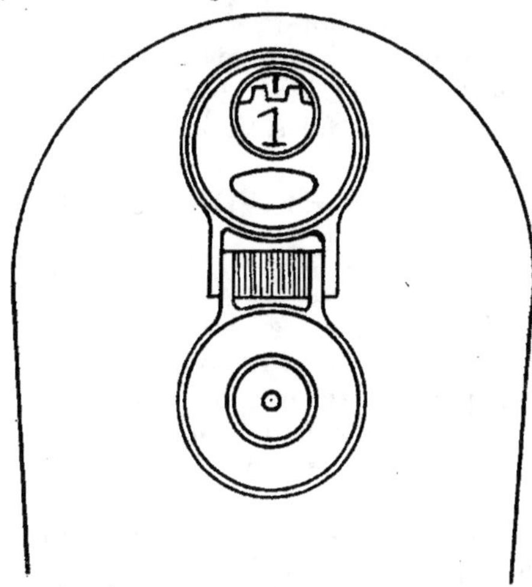

Pour les opérations qui précèdent il est supposé que les organes d'entraînement sont fixés. Il suffit alors d'avancer la magnéto et de faire coïncider les dents de l'entraîneur et de fixer la magnéto au moyen de la sangle.

Les connexions du distributeur de la magnéto aux bougies se font comme suit : lorsque le Nᵒ 1 sur le grand pignon est en face de l'index fixe du palier AV, un des segments du cylindre distributeur se trouve en contact avec le câble Nᵒ 1 qui doit être relié avec la bougie du cylindre Nᵒ 1; puis relier le câble Nᵒ 2 avec le cylindre qui explose en second lieu et ainsi de suite.

L'ordre d'allumage du moteur est : 1, 6, 2, 5, 8, 3, 7, 4.

II. Réglage de la Pression
SOUPAPE ET MANOMÈTRE D'HUILE

Une soupape placée sur la patte arrière gauche de fixation du moteur permet de régler la pression.

Un manomètre fixé sur la planche de bord indique la pression qui doit atteindre **3,5 à 4 kilogs** à plein régime. Au-dessous de cette pression qui ne **doit être inférieure en aucun cas,** il y a lieu de rechercher immédiatement la cause qui se trouve le plus souvent parmi les suivantes :

1° Le manomètre ne fonctionne plus : vérifier;

2° La canalisation, du moteur au manomètre, est bouchée : déboucher avec une pompe à air;

3° La soupape de pompe mal réglée ou ne fonctionnant plus, retirer l'écrou, le ressort, la bille et nettoyer le siège, vérifier le ressort et remonter.

Si la vérification de ces trois points n'a donné aucun résultat, il s'agit d'un accident grave soit à la pompe soit au moteur; dans ce cas faire vérifier par un spécialiste.

REMPLISSAGE ET VIDANGE D'HUILE

Le remplissage s'effectue en enlevant le bouchon situé sur le côté droit du moteur.

Le niveau d'huile du carter inférieur est indiqué par un tube fixé sur le bouchon de remplissage, servant de jauge.

Cette jauge porte 4 repères, le repère supérieur correspond à 8 litres environ. **Ne jamais marcher à moins de 2 litres d'huile** correspondant au repère inférieur de la jauge.

Avec une voiture neuve il est bon de vidanger au bout des **1.000** premiers kilomètres. Cette opération sera renouvelée tous les **5.000** kilomètres.

La vidange se fait par un bouchon placé à la partie inférieure du carter en tôle.

DE L'EMPLOI D'UNE HUILE DE BONNE QUALITE

Un bon graissage étant une condition essentielle de bon fonctionnement du moteur, on doit employer une huile de bonne qualité.

Sur les moteurs neufs. — Employer l'huile **YACCO AMILCAR** type " **M** " ou la **YACCO** " **M** " dans les conditions normales.

L'huile **YACCO AMILCAR** type " **Y** " ou la **YACCO** " **Y** "
est à adopter chaque fois que le rendement mécanique maximum est recherché.

Sur moteurs usagés. — Utiliser le type " **M** " pour les
moteurs ayant parcouru plus de 15.000 kms avec une huile
autre que l'huile **YACCO AMILCAR** ou **YACCO**.

Le type " **XX** " doit être réservé aux moteurs ayant parcouru plus de 30.000 kms avec une huile autre que **YACCO
AMILCAR** ou **YACCO**.

LE CARBURATEUR
ET LA TUBULURE D'ADMISSION

Le carburateur est un " Solex " double corps dont le
réglage est :

      Diffuseurs   22
      Gicleurs principaux   105
      Gicleurs de ralenti......   45

Le carburateur ainsi que la tubulure d'admission sont fixés
sur le collecteur d'échappement afin de réchauffer les gaz
par contact des parois.

Pour le démontage du carburateur se reporter à l'instruction spéciale du constructeur.

III. Le Refroidissement

Le refroidissement du moteur est assuré par un radiateur
et un ventilateur. La circulation d'eau se fait par thermosiphon.

Le radiateur est muni d'une soupape de trop-plein placée
dans la tubulure de remplissage. Il est nécessaire d'appuyer
de temps en temps sur la soupape pour s'assurer que l'oxydation ne la maintient pas bloquée sur son siège.

PRECAUTIONS A PRENDRE PAR TEMPS FROID

Débrayer le ventilateur et employer un mélange anti-gel
composé d'eau et d'une proportion d'alcool (15 à 20 % environ). L'emploi de l'alcool est préférable à celui de la glycérine qui attaque toujours plus ou moins les raccords en
caoutchouc.

Si la voiture doit séjourner un certain temps en plein
air ou dans un garage mal abrité, il est préférable de faire
la vidange de l'eau au moyen des bouchons placés à la partie
inférieure des tubes d'entrée d'eau fixés au moteur.

DEUXIÈME PARTIE

DESCRIPTION

Entretien
Réglage des Organes
de Transmission

Organes de Transmission

I. L'Embrayage

Fonctionne à sec, il est du type à disque unique sur lequel sont fixées de part et d'autre des garnitures en matière plastique qui viennent — dans la position « embrayé » — s'appuyer d'un côté sur le volant moteur, de l'autre sur un plateau.

La pédale étant au repos une série de ressorts comprime le plateau sur les disques et les garnitures qui sont par la suite entraînés par le volant.

Une plaque de visite permet de jeter un regard dans l'embrayage.

Un mauvais débrayage peut provenir de trop de jeu dans la commande, de telle sorte qu'une partie de la course de la pédale sert à le rattraper. Il est alors facile de réduire ce jeu au moyen de l'écrou à oreilles placé sous le moyeu de la pédale.

Si l'embrayage patine, il faut éviter d'insister et rouler à une vitesse réduite en attendant d'avoir pu le régler.

Le réglage se fait en enlevant la plaque de visite, en dégoupillant soigneusement les écrous — sans laisser les goupilles tomber à l'intérieur — et en resserrant les écrous d'une même quantité ; on immobilise la tige du piston d'embrayage avec un tournevis placé dans la fente ad-hoc, regoupiller ensuite soigneusement.

II. La Boîte de Vitesses

La boîte de vitesses est placée à l'arrière du moteur.

Le carter renferme dans sa partie AV l'embrayage qui, fonctionnant à sec, ne communique pas avec la boîte.

La boîte est de type à baladeurs, donnant 4 vitesses en marche AV, dont la 4° en prise directe et une marche AR.

Les engrenages sont à denture rectifiée assurant une marche silencieuse à toutes les allures.

Le levier de commande placé au centre commande les baladeurs au moyen de deux fourchettes. La combinaison de vitesses est réalisée par les positions du levier d'après le schéma ci-dessous.

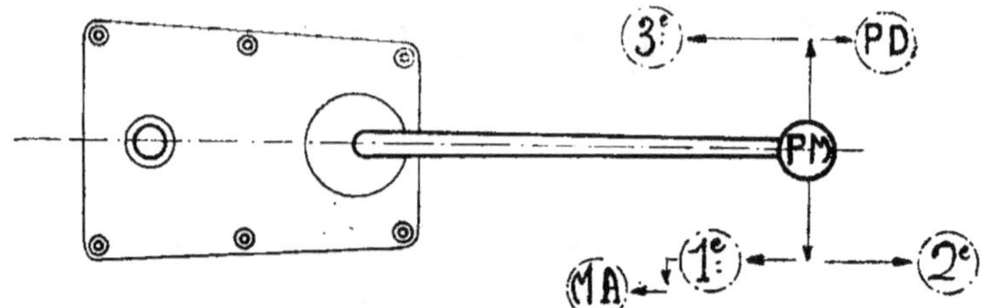

Différentes positions du Levier de commande des vitesses

La boîte est pourvue d'un bouchon de remplissage situé à la partie supérieure et d'un bouchon de vidange placé sous le carter.

L'entretien se borne au graissage qui doit être effectué avec l'huile " **PIGNON YACCO** ".

Vérifier le niveau tous les 3.000 kilomètres.

Graphique des Vitesses du Type C. S. 8

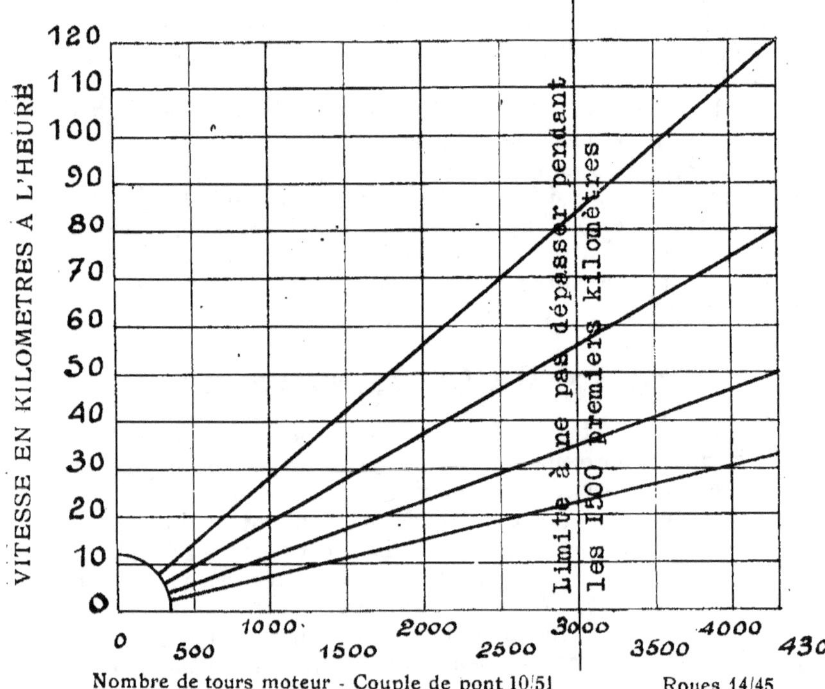

III. Le Tube de Cardan

Le mouvement est transmis de la boîte au pont par un arbre entraîné par un disque flexible derrière la boîte de vitesses, et commandant le pignon conique du pont par un manchon cannelé.

Cet arbre est enfermé dans un tube. Ce tube transmet la réaction du pont à une rotule fixée sur l'arbre primaire de la boîte.

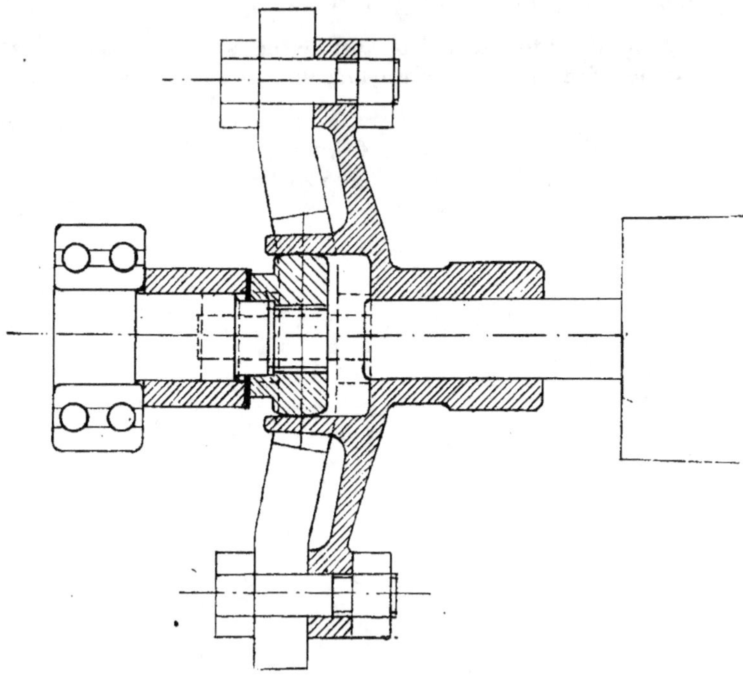

Position correcte de l'entraîneur par rapport à la rotule.

Un point très important pour la bonne marche de nos voitures est la position correcte de l'entraîneur de cardan. Il peut arriver, après les premiers milliers de kilomètres, que les ressorts ayant perdu un peu de flèche, le pont AR se trouve légèrement reculé.

A ce moment, l'entraîneur de cardan se déboîte de l'écrou rotule placé à l'arrière de la boîte de vitesses et il en résulte des vibrations. Il faut, dans ce cas, avancer l'entraîneur de cardan pour qu'il soit centré par l'écrou rotule, même lorsque la voiture est chargée.

IV. Pont Arrière

Le pont arrière est du type banjo, le différentiel et le couple conique sont enfermés dans un carter qui se fixe à l'avant du corps embouti; à l'arrière se fixe un couvercle portant le bouchon de trop-plein.

Le démontage du Pont Arrière ne sera fait qu'en cas d'absolue nécessité et par un mécanicien compétent.

Comme pour la boîte de vitesses l'entretien se borne à vérifier le niveau tous les 3.000 kilomètres.
Employer l'huile " **PIGNON YACCO** ".

TROISIÈME PARTIE

DESCRIPTION

Entretien
Réglage des Organes
de Direction
et
de Freinage

Équipement Électrique

I. Organes de Direction

La direction est à roue et vis sans fin, elle est montée sur un berceau fixé au châssis, sa rigidité est assurée par un support fixé à la planche tablier et percé de trous permettant le réglage de l'inclinaison.

Le corps de la colonne et la vis sont creux pour permettre le passage des tiges de commande d'avance, de ralenti, de combinaison d'éclairage, dont les manettes sont au centre du volant.

Le levier de direction est relié à la fusée directrice par une biellé pourvue de ressorts amortisseurs.

Après un long usage, il se peut que la direction prenne du jeu du fait de l'usure de la portion de la roue de direction en contact avec la vis. On y remédie en enlevant le levier de direction et en faisant tourner la roue d'un demi-tour au moyen du volant, pour utiliser la partie n'avant pas servi. Remettre le levier en position.

L'ESSIEU AVANT

L'essieu avant est constitué par un corps d'essieu à pivots inclinés et de deux fusées portant les roues.

Les fusées sont reliées entre elles par des leviers et une barre d'accouplement.

La fusée droite est reliée à la bielle de direction par un levier. Les fusées portent également le mécanisme des freins (voir § II freins). Pour éviter l'usure anormale des pneus AV (usure nettement plus accusée sur un bord), il y a lieu de vérifier le parallélisme des roues qui peut avoir été détruit par la suite d'un choc faussant soit la barre soit les leviers.

Les roues AV ne sont pas, en réalité, parallèles : elles sont légèrement fermées vers l'avant ; la différence d'écartement entre l'avant et l'arrière se mesure d'un bord intérieur de la jante à l'autre à la hauteur du moyeu ; elle doit être de 5 m/m.

Après un certain usage de la voiture, il est possible qu'il se produise un flottement des roues AV. Il est très difficile d'en déterminer les causes et de donner des conseils pour y remédier définitivement, mais nous indiquons ci-dessous quelques opérations apportant des améliorations toujours efficaces.

1° Vérifier l'équilibrage des roues ;

2° Reprendre tous les jeux pouvant exister dans les rotules et boîtes à rotules ;

3° Vérifier s'il n'existe pas de jeu entre la vis et le secteur (voir direction) ;

4° Vérifier la chasse de l'essieu, qui doit être de 3 %.

II. Les Freins

La voiture est munie de freins très puissants sur les quatre roues, donnant toute la sécurité désirable.

Ils sont à double secteur, commandés par une came et agissant à l'intérieur des tambours.

Le frein au pied commande les freins AV et AR au moyen d'une pédale.

Le frein à main agit uniquement sur les roues AR.

Le graissage à assurer est celui des cames de frein ; il se fait au moyen de graisseur Técalémit à graisse.

REGLAGE DES FREINS

1° **Si la pédale a une course trop longue** pour agir rapidement sur les freins, on peut la réduire à l'aide d'un écrou à oreilles placé sur la tige de la pédale ;

2° **Inégalité de serrage des secteurs dans les tambours.**

Cette opération, quoique fort simple, demande à être exécutée soigneusement, car l'efficacité du freinage en dépend.

Mettre la voiture sur crics. A l'aide des écrous papillons placés à l'extrémité des câbles commandant les freins avant, donner le serrage convenable en faisant tourner les roues ; s'assurer que celui-ci est bien égal à droite et à gauche.

L'écrou papillon se verrouille automatiquement ;

3° Vérifier que la course du levier à main est suffisante pour bloquer les roues arrière. Si la course était trop longue, la réduire au moyen de l'écrou à oreilles placé sur la tige du levier à main.

III. Équipement Électrique

LE DYNAMOTEUR

Placé à l'avant du moteur, il remplit deux rôles : celui de mettre le moteur en marche et celui de recharger la batterie.

C'est un appareil robuste, indéréglable, ne demandant aucun entretien.

L'ACCUMULATEUR

Cet organe, que l'on perd souvent de vue, demande cependant quelques soins. Il faut s'assurer que le liquide recouvre légèrement le haut des plaques ; s'il est descendu, par évaporation, il suffit d'y ajouter de l'eau distillée. Ses bornes devront être propres et protégées de l'oxydation par un peu de vaseline.

Note Importante
concernant les Appareils Électriques

Pour bénéficier de la garantie, vous devez vous interdire de démonter vos appareils. Mettez toujours un fusible de la marque de votre machine et surtout pas plus fort ampérage. Veillez à vos connexions.

Il est inutile de nous demander le remplacement d'un dynamoteur, si votre batterie ou votre canalisation sont en mauvais état. Le nouvel appareil, dans ces conditions, ne marchera pas mieux.

Renvoyez les appareils, y compris le fusible.

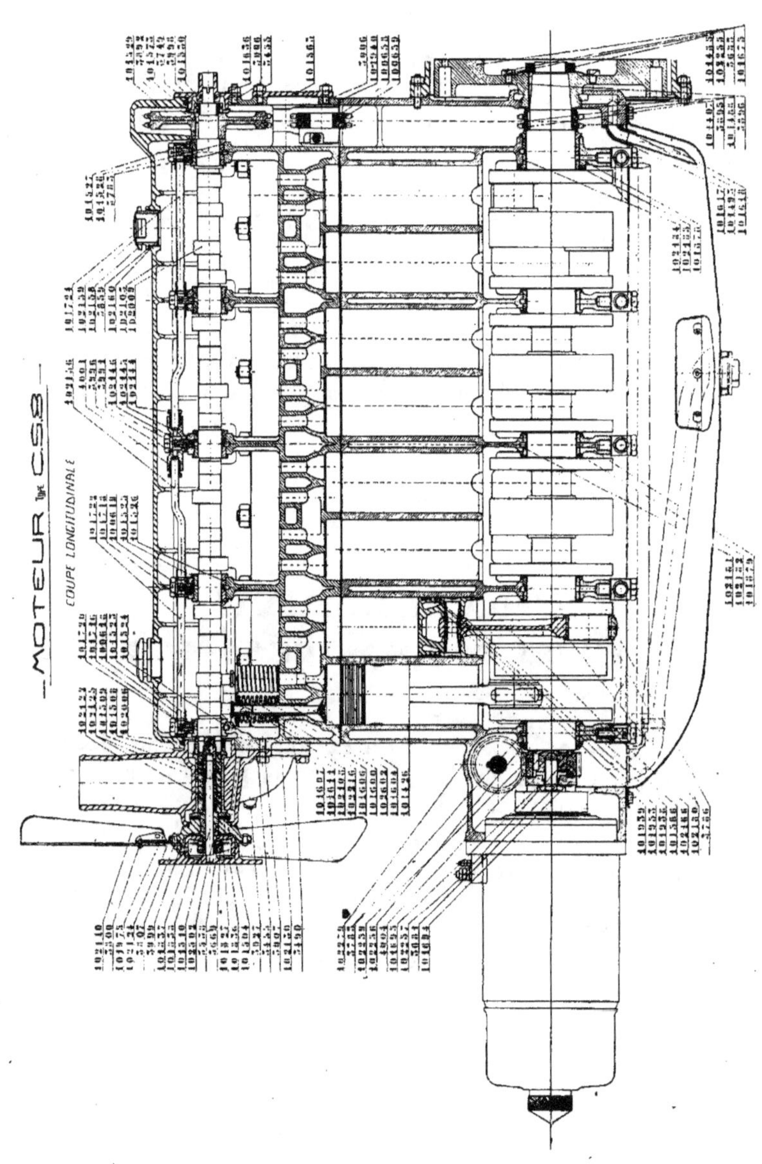

MOTEUR type CS8
COUPE LONGITUDINALE

MOTEUR Type C.S.8

COUPE TRANSVERSALE

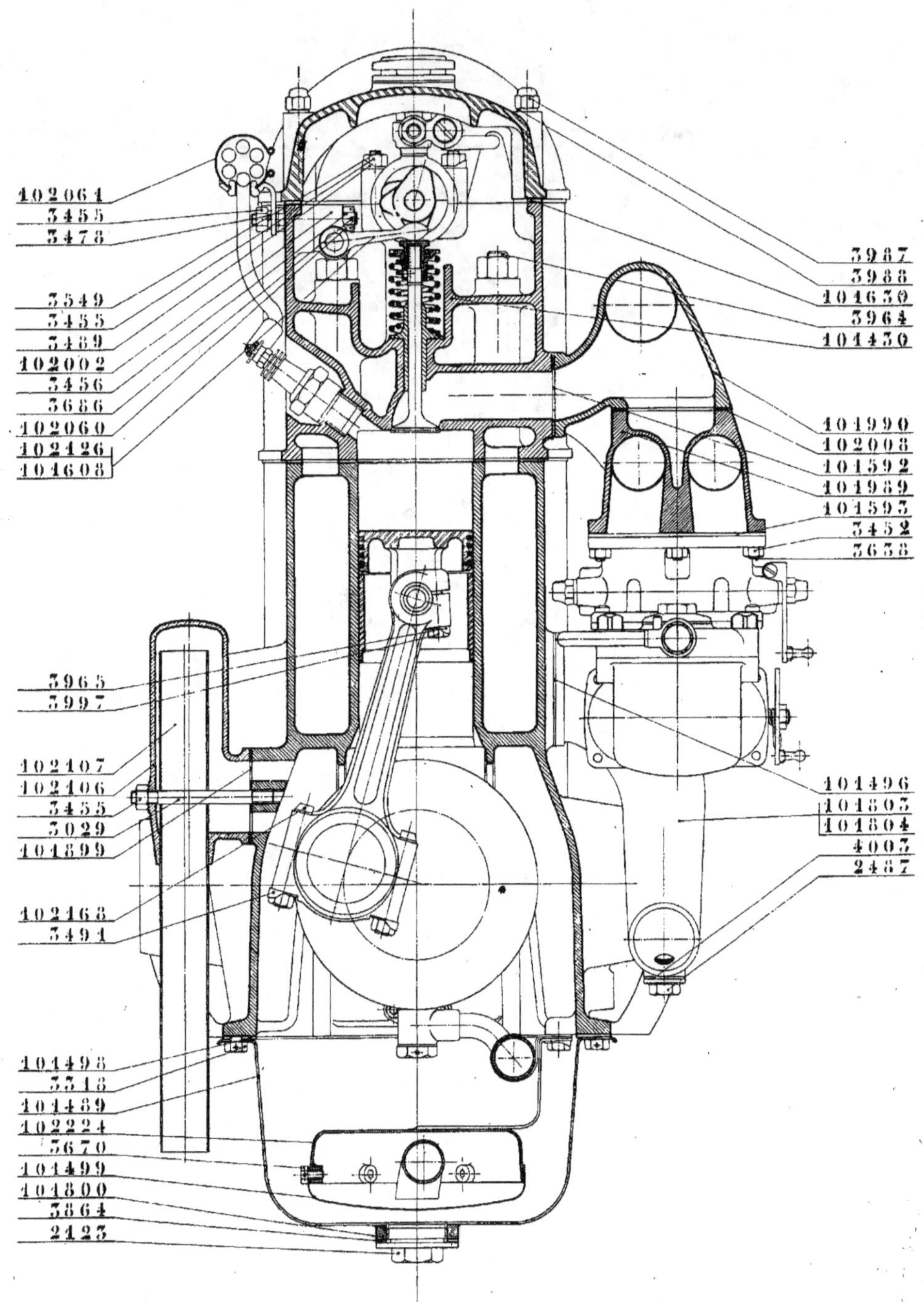

MOTEUR Type C.S.8

COUPE PAR L'AXE DE LA POMPE A HUILE

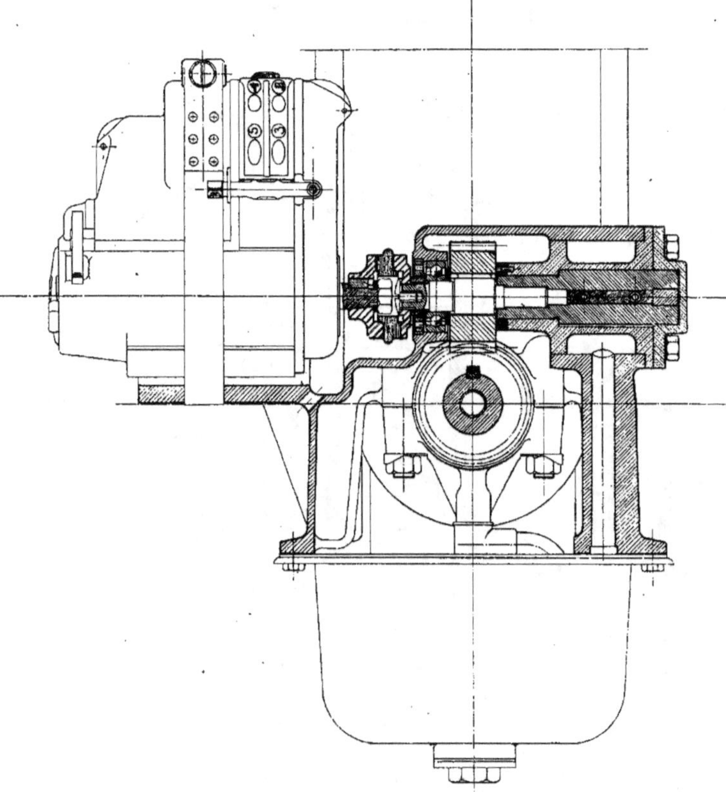

EMBRAYAGE _ CHANGEMENT ᴅᴇ VITESSES ᴛʏᴘᴇ CS8

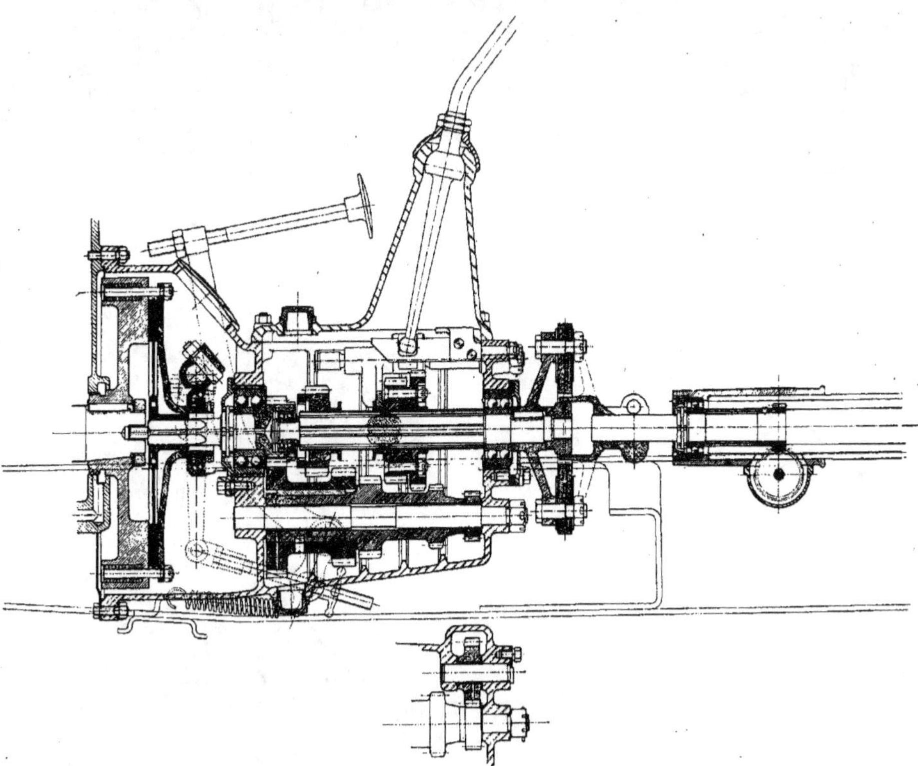

_ PONT - ARRIÈRE type C.S.8 _

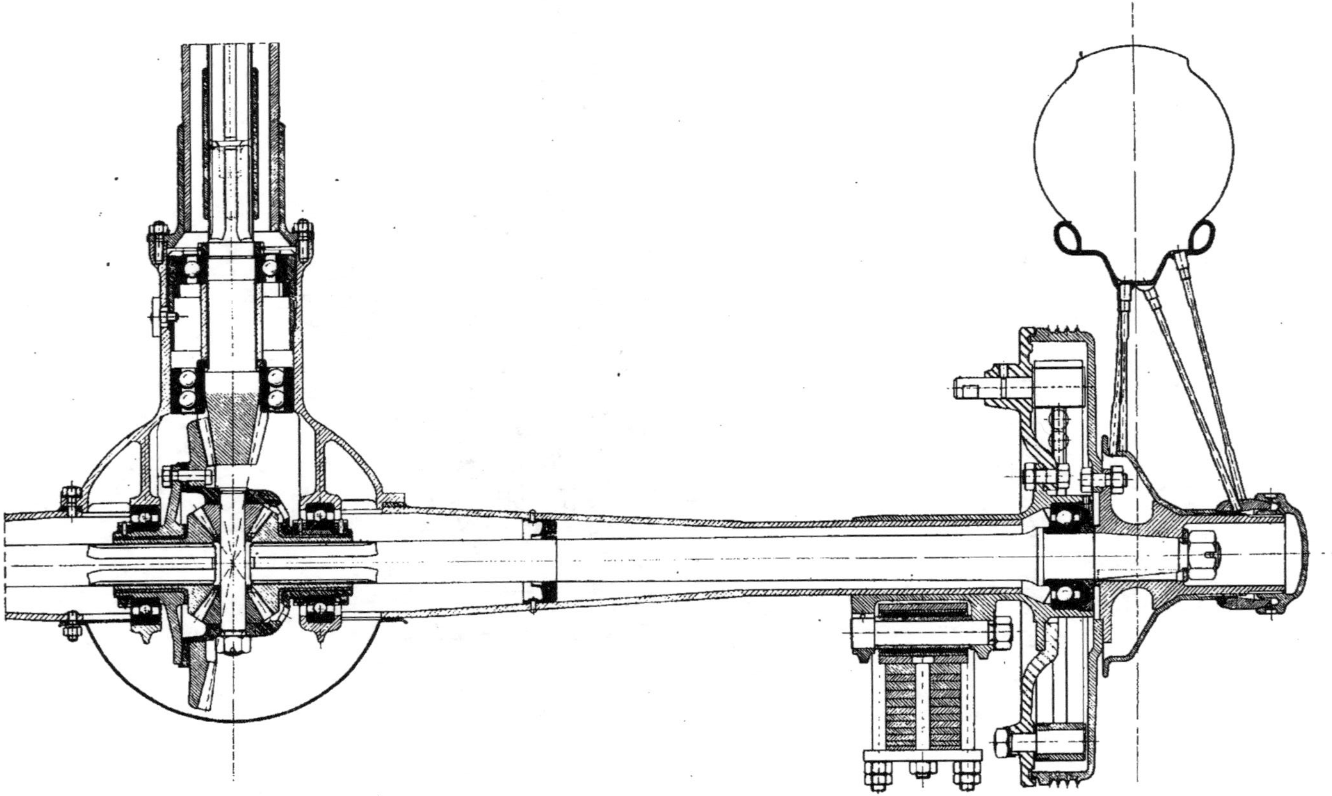

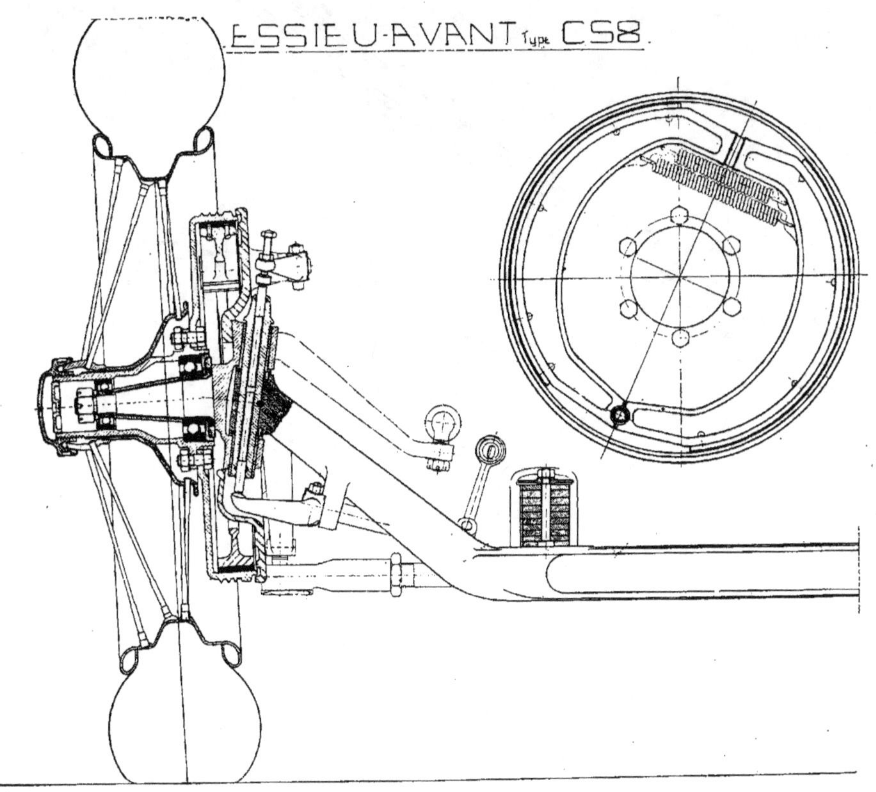ESSIEU·AVANT Type CS8.

_ DIRECTION ₜyₚₑ C.S.8 _

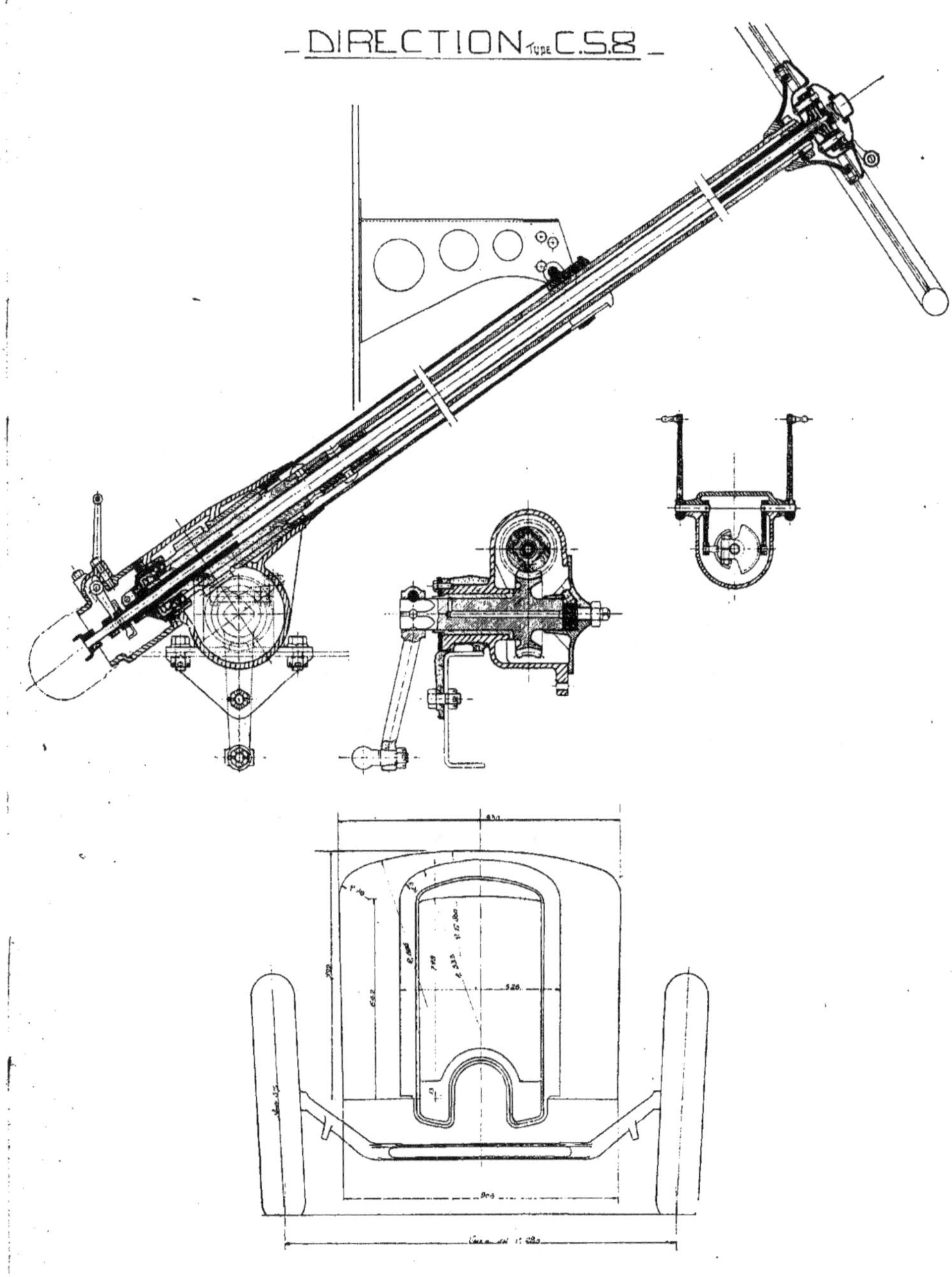

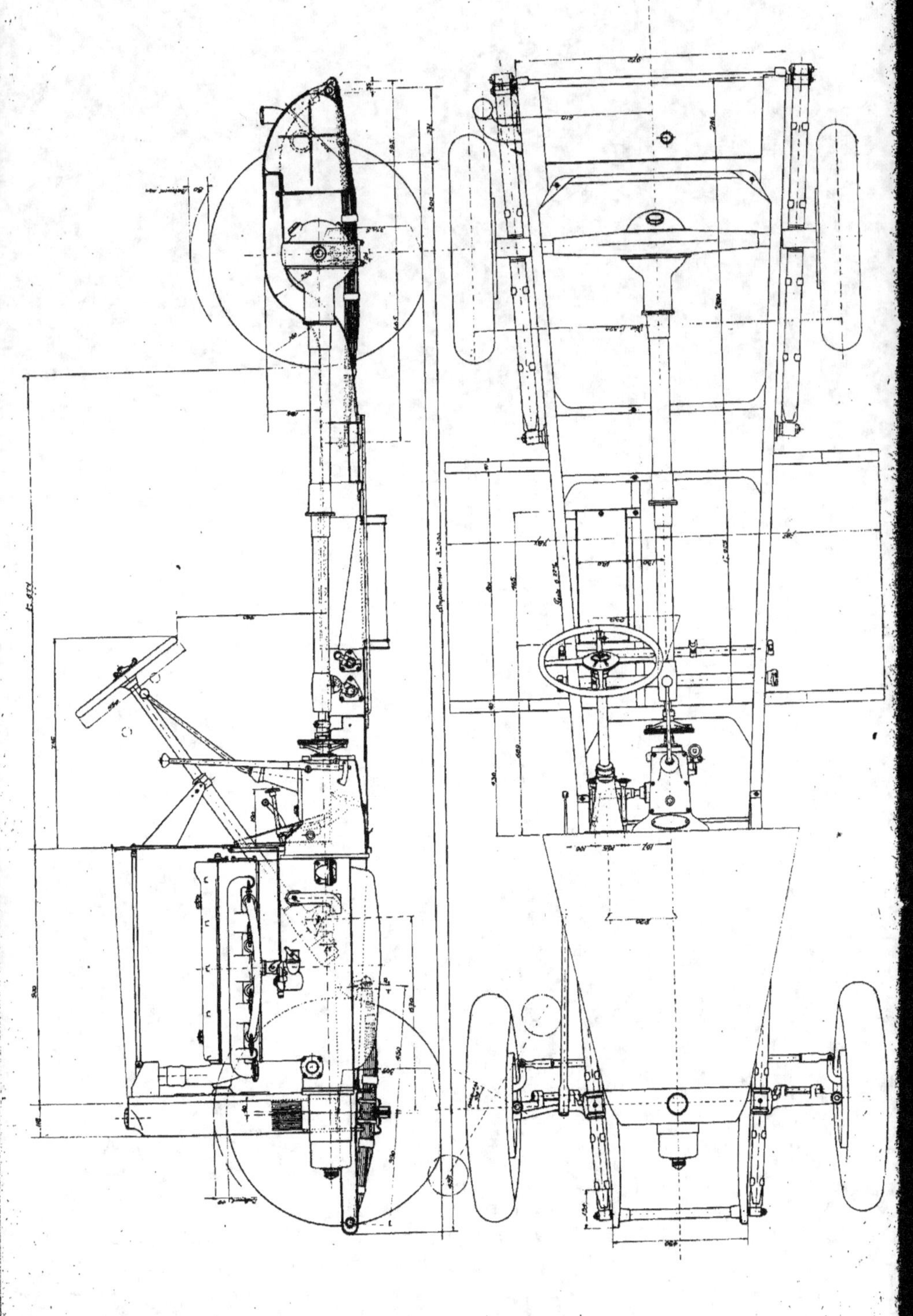

IMP. KOSSUTH-PARIS

AMILCAR

CARACTÉRISTIQUES MÉCANIQUES DES CHASSIS AMILCAR

TYPE	7 CV 4 CYL. M. 3	13 CV 8 CYL. C. S. 8
Empattement	2 m. 675	3 m. 000
AV	1 m. 210	1 m. 325
AR.	1 m. 240	1 m. 375
Alésage et course	60 m/m × 110 m/m	65 m/m × 85 m/m
Cylindrée totale	1.244 cc.	2.330 cc.
	Pistons à jupe fendue, licence Hewith à 3 segments dont 1 racleur.	Pistons à jupe fendue, licence Hewith à ? segments dont 2 racleurs.
Vitesse normale du moteur	3.200 à 3.400	3.900
Puissance à ce régime	25 CV	58 CV
Puissance fiscale	7 CV	13 CV
Graissage	Sous pression. Distribution d'huile sous pression aux paliers et aux bielles. Dispositif de contrôle par un manomètre installé sur le tableau de bord et soupape de décharge sur le moteur.	
Refroidissement	Par Thermosiphon.	Par Thermosiphon
Embrayage	A disques constitué par 2 disques de grand diamètre fonctionnant dans l'huile et par graissage automatique.	A disques travaillent à sec.

TYPE	7 CV 4 CYL. M. 3	13 CV 8 CYL. C. S. 8
Carburateur	Solex M. O. avec accélérateur par commande au pied, manette de commande du starter fixée à la planche de bord.	Solex double corps avec accélérateur par commande au pied, manette de commande au volant et tirette du volet d'air fixées à la planche de bord.
Vitesse	4 vitesses et 1 marche AR.	4 vitesses et 1 marche AR.
Transmission	Par cardan unique constitué par un disque Hardy.	
Pont arrière	En tôle d'acier emboutie.	
Couple	A denture spéciale système Gleason.	

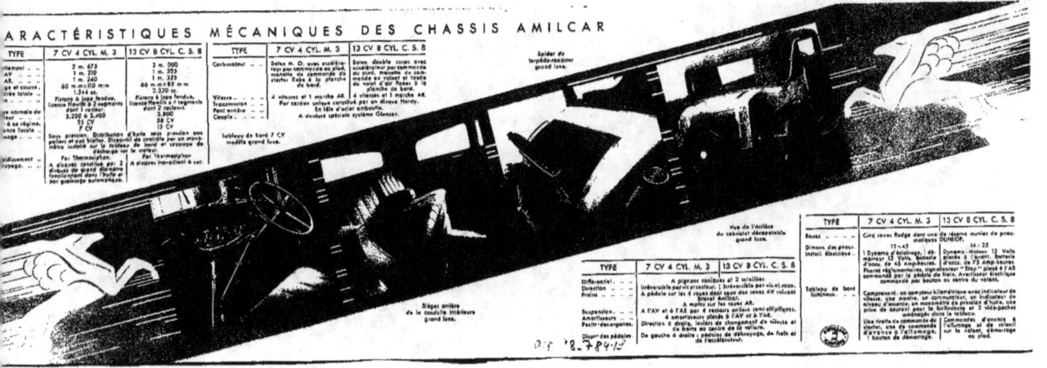

Tableau de bord 7 CV modèle grand luxe.

TYPE	7 CV 4 CYL. M. 3	13 CV 8 CYL. C. S. 8
Différentiel	A pignons coniques et 2 satellites.	
Direction	Irréversible par vis et secteur.	Irréversible par vis et écrou.
Freins	A pédale sur les 4 roues dont ceux des roues AV voisent brevet Amilcar. A mains sur les roues AR.	
Suspension	A l'AV et à l'AR par 4 ressorts enlacés semi-elliptiques.	
Amortisseurs	4 amortisseurs placés à l'AV et à l'AR.	
Position des organes	Direction à droite, leviers de changement de vitesse et de frein au centre de la voiture.	
Disposition des pédales	De gauche à droite : pédales de débrayage, de frein et de l'accélérateur.	

TYPE	7 CV 4 CYL. M. 3	13 CV 8 CYL. C. S. 8
Roues	Cinq roues Rudge dont une de réserve munies de pneumatiques DUNLOP.	
	12 × 45	14 × 25
Dimens. des pneus. Install. électrique	1 Dynamo d'éclairage, 1 démarreur 12 Volts. Batterie d'accu. de 45 Amp-heures.	Dynamo-Moteur 12 Volts placée à l'avant. Batterie d'accu. de 75 Amp-heures.
	Phares réglementaires, signalisateur "Stop" placé à l'AR commandé par la pédale du frein. Avertisseur électrique commandé par bouton au centre du volant.	
Tableau de bord lumineux	Comprenant : un compteur kilométrique avec indicateur de vitesse, une montre, un commutateur, un indicateur de niveau d'essence, un manomètre de pression d'huile, une prise de courant pour la balladeuse et 2 vide-poches aménagés dans le tableau. Une tirette de commande du starter, une de commande d'avance à l'allumage, 1 bouton de démarrage.	Commandes d'avance à l'allumage et de ralenti sur le volant, démarrage au pied.

AMILCAR

L'ÉLÉGANCE EST FAITE DE
L'HARMONIE DES DÉTAILS
Le panneau
des voitures 7 CV.
Le marchepied
des voitures
de grand luxe.
L'aile AV
des voitures de grand luxe
7 CV et de 8 cylindres.
CARACTÉRISTIQUES DES
CARROSSERIES AMILCAR
(Modèles déposés)
DRAEGER, IMP.
AMILCAR